U0003038

性愛的科學

越做越愛，
讓兩人更有感覺的
親密處方箋

★暢銷新版

感謝來自心裡的滿足，
滿足來自這本書反饋的幸福

性愛的科學於二〇一六年出版後，陸續收到從美國、加拿大、馬來西亞、新加坡、香港等各地讀者來信，印象最深的是有一對多年無性婚姻的華裔夫妻，由於他們長年居住美國，性生活一直不合，為了得到改善找了婚姻諮商，仍然沒有得到答案，直到翻開了《性愛的科學》這本書，讓他們了解另一伴的思維，自此之後更把性愛的話題當成兩人不可缺少的日常討論，才消除了彼此間對感情的猜疑，也在一次次的溝通中再找到共識。

另一個感動是來自一位討厭自己好色的男人，他在信裡提到，以前非常討厭自己好色，閱讀之後才了解好色原來並不可恥，在親密關係裡，原來懂得好色是一件這麼重要的事，除了閱讀分享的回饋之外，這位讀者也鼓勵我能出第二本，用很日常生活的方式來詮釋看似灰色又模糊的性愛疑惑。收到這些回饋，對我來說不僅僅是讀後分享而已，那感覺更像在極地的寒風中，有一道強而有力的陽

光，照亮這冷門的學科，溫暖了被冷漠且無法以正面觀點看待的性愛議題。

　　起初，撰寫這本書的動機很純粹，因多年在臨床上遇到許多個案，總被困在一些芝麻蒜皮小事上，導致感情撕裂。而從第三方視角來解讀雖然都是日常小事，但在親密關係裡、夫妻關係中又有什麼事能稱作小事呢？無論是多數人能理解的柴米油鹽、生活習慣、各自工作時的情緒等等，每一個看似芝麻蒜皮的小事，卻都是足以影響彼此心理、生理關係的大事。

　　其實，親密關係中的許多情緒，多數只要一個轉念方能化解。幸福本就包含了喜怒哀樂，就像有陽光必有陰影一樣，只要我們能理解這些情緒，磨合和過程都是必然，懂得用對的方式相處，那麼眼前的人依然如故，我們期待的執子之手也才能真正偕老。

因為這樣的小小想法在心中萌芽，而出了這本書，壓根兒沒有想過它會暢銷或收到這麼多的驚喜回饋，因為這就是一本在我職業生涯所遇見個案的真實生活，所帶給我的啟發。也希望藉由這樣日常、生活化的分享，讓不管身在什麼關係中、什麼樣角色的你我，都能在問題來臨時，帶著不同視角去思考性與愛那平凡卻又超然的意義進而誕生的書籍。

很感謝城邦集團創意市集的黃副社長、責任編輯 RURU，他們志同道合的洞見性愛議題，擁有對社會正面價值觀與前瞻性見解的超前部署，勇敢的在當時提議出版《性愛的科學》，以健康、正面的角度，用文字在茫茫書海裡落下了一個新挑戰，很開心這一路上的合作有了很美好的果實。在《性愛的科學》之後，坊間也接連著出版了好多本性愛相關暢銷書，甚至《性愛的科學》，在出版當年也獲得博客來年度電子書排行第六名，這本萬冊之中擠進的前十名，讓我們團隊每個成員都感到榮耀無比。也要感謝相性幸福團隊朱瓊茹導師、許雅雯導師，因為她們在背後的支持，才能讓這本書再次順利換新裝。還有黃于庭總經理的支持，協助這本書的統籌企劃，在忙碌的過程中不斷的鼓勵與鞭策，讓新版如期上架。

最後，特別感謝願意前往「相性幸福」的每一位個案，對我來說您們都是最勇敢也最溫暖的人，願意用正面的態度，正視自己在性上面的問題，願意放下自我去面對最難以啟齒的性事。因為協助這些幸福與親密關係的改善，讓我能從中探索靈感，進而將這些想法轉化成為能分享給更多人知曉的性福訊息。性福是您們送給自己最棒的禮物，而這本書更是您們延續正面力量的美好，我要謝謝您們，謝謝您們讓我有力量寫出這本值得驕傲的書。

　　雖說由自己說出這本書的好，不免感到害羞，但能讓我願意這樣大方說出感謝的原因正是因為，我始終相信成功絕不會只有一個人的力量，我也相信「說出美好，才能活出更美好的模樣。」

愛是性的靈魂，性是愛的極致

　　樹德科技大學人類性學研究所是目前亞洲唯一所以「人類的性」為主的研究所，成立至今已有十五年，畢業的校友散播在各個職場，逐漸有些同學運用以前所學，並結合社會的需要繼續發展，同時開始自行創業，如今更是以引導學弟妹做為工作伙伴，為人類的性福提供健康、愉悅的生活。

　　子棨，本書的作者就是其中之一，在開創、應用及創新的思維下，受到社會人士的關注，在中部地區成立了「相性幸福健康管理中心」，使多數對於性問題不敢啟口，更無溝通與求助管道的人，如今有了一個正確及科學的方法，並以協助、陪伴、釐清的角度，將常見的性問題，做客觀的分析與建議，相信許多人在讀過後會得到充分且全面的了解，進而獲得「性與愛」的永續。

「愛是性的靈魂，性是愛的極致」是我在樹科大人性所入口處所留下的一句話，希望人類的性因結合了愛，使我們異於其他動物，除了延續生命外，更充滿了一些可歌可泣的愛情，完成上帝造人且使人類繁衍眾多的美意。

　　《性愛的科學》一書，希望帶給讀者的不只是一本茶餘飯後的閒書，而是一本可以增進生活情趣，享受健康人生的鑰匙。如今能為畢業校友子棨寫序深感欣慰，更期日後能勝於藍，才是樹科大人性所的榮耀。

樹德科技大學／校長　朱元祥

2016/10/31

性裡有著濃厚的愛，是正能量的提升

　　子桀從人類性學研究所畢業後，將所學做了應用及創新，並服務在「相性幸福健康管理中心」幫助對性有困惑的人。事實上性要學的事是交流，有互動的性是共屬的符號，是一種尊敬、欣賞對方的心緒，所以性行為是「心」的交流，藉身體為橋達到「愛」的傳達。這本書以一全方位的角度，將常見的性問題，逐一做客觀的分析與建議，讓人讀來沒有說教，而是獲得「愛」的永續。

　　當愛沒了，做的性會只是發洩，沒有能量可言；如在性裡有著濃濃的愛，它會是愛的滋長，且是正能量的提升，有益健康。因此，不論你是處於哪一種情境和狀況，拈手讀來的這本書，相信會帶給的幫助是不少的，身為子桀的老師很樂意推薦這本書給所有想多些「性知能」的人。

樹德科技大學／人類性學研究所講座教授兼所長　**林燕卿**

2016/10/31

言論有據，實用有效

贊子燊新著問世

性的科學　理論有據　行文深入淺出

愛的藝術　實用有效　描繪唯妙唯肖

世界華人性學家協會／創會人 名譽會長 監事長

美國臨床性學家院／奠基院士

性學哲學博士　阮芳賦

謹賀

2016/10/31

性，就是刻畫在身心裡的祝福

　　現今是資訊爆炸的時代，關於愛的議題從兩性的文章數量與閱覽次數可以知道，它是一道我們都想極力破解的謎題。但，奇怪的是，人人都想要幸福，也願意去付出去愛，可是卻不是人人都能得到，問題究竟出在哪裡？甚至越努力反而製造更多痛苦，於是在診療室裡就常聽到伴侶的抱怨：「我這麼愛他，為什麼他還要劈腿？」「我付出這麼多，為何他卻這麼殘忍對我！」「他是不是不愛我？因為，我們很久沒性生活了」「哎……不做愛的夫妻是不是快走到婚姻的盡頭」等等。

　　這些訊息對他們來說，都可能是威脅也是危險。好比：「看一個影生一個子」，那樣的高度敏感，也過度戒備。因此，光有愛是不夠的，我們要學會用「對的方式」來愛，用親密來滋養關係，讓「和諧的性」來豐富愛情，才能造就完整的自己，成就圓滿的關係。

　　究竟該怎麼做，才能與伴侶建立出合適、穩定的關係？如何能享有幸福美滿？是否有什麼方法可以學習？

自從《性愛的科學》一書問世以來，性福導師收到許多讀者的回饋，他們從本書中找到「性的為什麼」與「親密該怎麼做」的答案，更新自己過去對於性與親密的錯誤認知，學會覺察自己的情感需求並透過行為上的改變，讓自己懂得學會接納、尊重和關懷伴侶。所謂「授人以魚，不如授人以漁」。這，就是作者寫這本書的初衷與願景。為了繼續實踐此願景，《性愛的科學》再次換新裝出版，就是要持續幫助更多需要幫助的人。

　　然而，這本書也是一場認識自我的探索，如果你願意並已經準備好的話，就跟著導師一起學習，以全新的角度看待性愛與關係的串連，重新編寫令自己滿意又健康的幸福故事，讓性也能成為愛的祝福。

性福導師　朱瓊茹

一跳過，二跳過，三做愛

二〇一六年出版的《性愛的科學》直至今已經「重版出來」10次以上了，如果有看過《重版出來》的漫畫或是日劇的讀者，想必能夠體會一本書能夠再刷，實在是件不容易的事情，也難怪對出版業界而言，它是令人感到幸福的詞句。

而這幸福的感染力更不止於此。曾經有個案對我說：「老師，你有看過《神力女超人2》嗎？這部片給我在性上的啟發是，女主角提到在她生長的過程中，都曾經學習過性的相關知識，所以我相信性是可以透過系統化的學習，讓性生活更圓滿，閱讀《性愛的科學》就是我學習的管道之一，也因為這本書才認識相性幸福的。」透過文字的力量，此書也帶給讀者在性生活上正面的影響力，這類的回饋層出不窮，聽到總是讓人感到欣慰，也鼓舞了我們。

過了五年，依然想問大家：「您覺得性生活最重要的是什麼？」

執業多年來，「高潮第一」依然還是永坐冠軍寶座的第一位。之前提到某本書裡寫到電影圈有個說法是「一大綱，二跳過，三演員」，意思是企劃腳本第一，跳過的部分則是導演領銜的若干工作人員，最後只要找齊演員大致上就沒問題了。如果把這形容套用在性愛裡我會說：「一坦誠的信任，二溝通，三做愛」，但現實情況常常變成：「一跳過，二跳過，三做愛」。這樣的結果其實一點也不意外，畢竟在追求速度的年代，先「做」再說。

高潮當然很重要。如果將性從所有的親密關係中消失，彷彿兩人之間隔了一層紗；然而就算有過數不清的高潮，也不代表彼此能夠坦誠溝通。因為隱藏在性行為的背後，關係到付出與給予，這是許多人開不了口的情緒需求。所以在高潮的目的之外，還有更多可以探索的議題。

談到性，切入的角度不同，得到的結果也有所不同。有人當成是茶餘飯後聊天的玩笑話；也有人從中更認識自己；有人學習男優或女優的技巧與姿勢，將性愛的教學影片（即便與現實有出入）依樣畫葫蘆地學習；也有人把性愛當成比賽，心中暗自與對方的諸位前任較勁。更有人在意性器的外觀，但也有人只看性愛中的一點——愛。

性愛！性愛！談性就是說愛。當我們在談性的時候，總是離開不了了愛的課題。聽起來好像很抽象，但實際上透過這本書的引導，便能從外表、肉體、性器到內心，由外而內去看出男人與女人在意的是什麼？渴望的是什麼？真正需要的又是什麼？這本書結合了厚實的性學基礎、豐富的臨床經驗與成功案例，用輕鬆的口吻，帶你了解男人說不出口，女人搞不懂的愛與性。因為美滿的性生活恰巧就涵蓋了生理、心理和精神三方面的連繫，而這也正是「相性幸福」持續在努力的事。

性福導師　許雅雯

性，只是一種結果
愛，才是最重要的過程

　　愛可以是動詞、形容詞、名詞，但往往無法有具象的解釋，因為愛沒有探測儀，更沒得量化。無論老幼年少，每個人每天都經歷著愛，於是兩人之間對愛最好的具體呈現，就是付諸行動——做愛。人類比起生物，在性交的定義上更珍貴也更難得的就是，分布在我們大腦、心理、身體中的肌膚和神經每一寸都有感情，愛雖然相貌不同，卻永遠有一個共通點，那就是交流，一個心靈與另一個心靈的交流。

　　記得有句話說：「當你決定想做一件事情的時候，不管多難，只要去做了，所有的人都會來幫你。」此刻我更深刻的體會了這句話的意義。這本書的誕生，最要感謝的就是相性幸福團隊的企劃、籌備和完全的支持陪伴，並扛起我閉關書寫時的份內工作，沒有相

性幸福的所有夥伴，也就沒有這本書的誕生。許多文字編輯都是團隊透過一次次開會、討論，反覆修正而來，他們總是很能抓住我想表達的字句靈魂，將這些羞澀難以啟齒的性，運用淺顯易懂的比喻轉化成了輕鬆閱讀的文字。

　　閱讀這本書的某些篇章時，你（妳）或許會自動對號入座，也可能會因為看到某些比喻而會心一笑。然而性為什麼需要被重視，是因為性之於人，不管是自身的性格、人際關係甚至是延伸到兩個人之間，都是個非常重要的連結，而且我們都必須相信「追求性福生活的健康態度，正慢慢地成為一種時尚」。

　　性愛其實是連貫外表到心理的一門學問，因為人類最大的性器官來自於大腦，而有百分之七十的性困擾來自於心理。這本書濃縮

了我從樹德科技大學人類性學研究所到投入性健康領域期間的所有精華，一路從男生、女生的外表探討一直讀到內心與兩性親密關係，由外而內、由淺入深地帶領讀者了解性的樣貌，包括親密關係、性生活、性技巧、性生理、性心理、性感覺、性品味結合等全方位的性愛升溫計畫。無論是男、女生，都能藉由本書了解到自身或伴侶的性愛問題與性福成功案例分享。寫完這本書的同時，我又更明白了當幸福能透過文字傳遞時，那是一種從心底深處所產生的感動，而我正透過時間累積的經驗和個案帶給我的啟發，將這些美好傳遞給正準備開始閱讀這本書的你（妳）。

幸福從來就不是單行道，而是一種雙向循環。諮詢個案時，最怕的就是聽到這句話：「我們伴侶感情很好，沒在吵架的。」這件事很嚴重，因為從來不知道對方要的是什麼。通常，吵架沒好話，但吵架句句是真心話，伴侶之間容易在付出中失衡，那是因為未能看見收穫，這樣的情感久了會被期待綁架，尤其是性溝通。性所追求的最終目的是幸福美好的生活，然而這條幸福的康莊大道，是需

要自我了解後，透過與另一半的溝通才得以經營並且維繫的，擁有美好的性生活不僅會使人心情愉悅，對自我的情緒轉化、人與人之間的相處都有著正面的影響力。

最後，也要謝謝每個來中心諮詢的個案帶給我的故事啟發和所有的正面回應。我常說願意來諮詢的個案，都是體貼的人。因為來諮詢與上課的人們，都不只是為了自己好，更多的是帶著愛與付出，希望改善自己的問題並與另一半建立屬於彼此幸福的樣貌。其實，性的美好是在於能讓自己有更多層次的愉悅感受，懂得和自己的心理渴望與身體需求溝通，徹底的了解自己後與另一半擁有良好的雙向循環與緊密互動。

希望透過這本書，能讓每個閱讀的人都能重新了解性的意義，因為性所衍伸的不僅是自我生、心理的健康，若能用正確的態度去面對性，你（妳）會發現周圍的世界也會因此變得更陽光、更美了。

目錄

Part Man
男人的性愛

第 1 章 ── 男人的外表

第 2 章‧　男人的肉體

第**3**章 · 男人的性器

第**4**章 · 男人的內心

Part Inside
性愛的心理

Part Woman
女人的性愛

第 1 章 · 女人的外表

Man 男人

外表

1
容易得到
做愛機會的男人

性福導師說

♂ 清潔、主動微笑，體貼的紳士魅力最受歡迎

♂ 幽默很重要，但也要避免浮誇，更別當句點王

在公共場所或社交場合裡，常常能見到各式各樣的人。如果你多點心觀察人群，會發現人人都有不同的特質。有的人穿著簡單率性，有的人打扮端莊隆重，有的人落落大方，也有人舉止穩重、談吐得宜。上述這些複雜的特質摻雜在一起，往往決定了一個人散發出來的魅力。特別是穿著打扮、外觀舉止與說話內容，不管願不願意，這幾項自古以來就影響著人與人之間的關係，也是給人的第一印象。那麼，要成為一個容易在女性腦海裡留下好印象的男性，應該具備哪些魅力？

1 雙手整潔

一個人能否給人好的第一印象，「儀容」是最重要的事。看看服務業對於內部人員都有儀態的要求，為的就是讓消費者產生好感。在性愛裡，前戲的愛撫是相當重要的過程，同時也是女人最常幻想的情節。因此，在愛撫過程裡最常使用的手指，就成了散發性感的象徵。手指和指甲若能保持整齊乾淨，就容易引起女性美好的

聯想；想像著被這雙手挑逗、愛撫自己的情景。

2 頭髮清爽

從女性的角度觀看，男人的髮型往往是第一眼就看見的東西，它也代表了男人的氣質與個性。好的髮型就如同女生的化妝品一樣，可以提升魅力，搭配適合的髮型，無形中流露出的自信也會更加吸引人。雖然每位女性喜歡的髮型都不太一樣，但大多落在清爽、乾淨、俐落、不油膩、不誇張這些特點上，維持好自己的形象，也是尊重女性的一環！

3 主動微笑

微笑是讓彼此建立起信任感的最佳橋樑，有些人天生就會用微笑來調情，這實在是一種令人欣羨的能力。不過，其實微笑這個技巧是能努力學成的。當一位男性在適當的時機不經意對女性投以微笑時，女性若有好感，自然也會以微笑回應，而這樣的情況就是彼此展開認識的良好開端。

4 修養氣息

男人的說話方式，往往也彰顯他的修養與氣息。因此在和人談話時，若拿捏得好，便很容易吸引女性想進一步認識你。一對一談話時，必須保持禮貌，說話的音量只需要讓對方聽到即可，這是對傾聽者的尊重，也是禮貌的象徵。如果說話聲音太大，容易讓對方感到困窘，也會讓人聯想「是否情緒不穩定？」在交談時，若還是不熟的狀況下，互動的距離務必要保持在半公尺以上，切勿越界，否則會使女性感受到侵略感而產生防衛心理。在不夠熟稔的情況

下，也不該主動與對方身體接觸，這樣女性才有受到尊重的感覺，此舉也才有助於女性對你產生好感與信賴感。

⑤ 淡淡男人味

與人接觸時，依賴的不只眼睛與耳朵，鼻子所聞到的氣味也扮演了相當重要的角色。氣味代表著一個男人的生活習慣與品味，保持清香的氣息或是選對適合的香水，絕對可以讓一個男生更加帥氣、更加吸引人，也會讓女生想主動靠近你。

⑥ 體貼的紳士魅力

女生大多都喜歡受到尊重，有被照顧的感覺，而體貼的人最容易讓女生對你怦然心動。最簡單的就是仔細傾聽對方所說的一字一句，並且努力記下來。例如她愛吃的食物、生日、喜歡的歌曲、重視的事情等。若能在適當的時機展現出，就會讓女性感到驚喜，也有助於互相吸引。

⑦ 別成為句點王

說話一定要有藝術，和女生交談時，如果常常太快讓一個話題結束，或需要不斷想新話題聊天時，女生便會覺得你是個無趣的人。雖然人人都愛聽好聽話，但也要避免浮誇，務必保持誠心並留意、觀察對方反應才是正確方式。建議試著從談話中注意對方的特質，如果可以從本身的優點來稱讚對方，會比單純稱讚女生外表來得更好。另外當談話接近尾聲時，也可以貼心地將發言權轉交給對方，讓話題能夠熱絡並延續下去。

8 幽默風趣

帥氣的外表總會隨著時間逐漸凋零，但智慧與幽默則會隨著時間成長，有幽默特質的男人絕對可以吸引女生的注意。不過男人若表現得過度樂觀或輕浮時，會呈現出不穩重，甚至給人不安全的感覺。幽默不是低俗的笑話，也不是胡謅的吹噓，是一種在生活中隨時能夠自娛娛人的能力，這需要從生活經驗或是從大量的閱讀裡去汲取。只要時常能讓人會心一笑，或是把無趣的話題變得有趣，自然會有女性對你傾心！

9 自信感

沒自信的男生通常無法得到女生的歡心，所以平常講話和做事都要保持自信，不要有畏縮、懦弱的感覺，只要做到不令人反感便可。有些人沒自信是擔心被拒絕而不敢有所表現，但這其實只是心理障礙，若能克服，便能表現出恰到好處的自信感，做任何事都會顯得更有魅力。另外，也建議多閱讀、增廣見聞，或是去上自我激勵和潛能激發的課程。

10 勻稱的體格

身體是兩性間調情的重要媒介，一個愛自己的人應該懂得珍惜自己的身體，把身體照顧好。無論男女，過瘦或過胖都會影響健康和自信心，從醫學角度來看，男人太胖的話，陰莖會有部分包覆在脂肪層裡的徵狀，長期下來容易有缺乏自信、性慾低落、勃起障礙等問題。至於太瘦又會令女生覺得沒有安全感，因此正常飲食，時時運動，保持勻稱的體格，也是當個有好感度男人的重要關鍵。

2
「大老二」
可從外表觀察？

性福導師說

♂ 別讓他人的尺寸大小成為你的心魔

♂ 只要能夠讓你的伴侶滿足，就是正常值

　　網路上總是流傳著各種千奇百怪，百聽不膩的尺寸迷思。像是從鼻子大小可以看出男人的陰莖大小，手指頭長度等於陰莖長度，甚至還有用身高、胖瘦去計算陰莖尺寸的說法，簡直無奇不有！關於這類揣測，眾說紛紜、流傳廣泛，也使得每個人都想問性福導師說：「這究竟是真？還是假？」

♂ 四捨五入是數學用，自動進位才是對尺寸的形容

　　事實上，從古至今都沒有足夠的調查數據可以支撐這些傳聞，更不用說進一步佐證了。不過，有人討論就代表有人在意（其在意的程度大概就跟關心國家大事差不多），甚至還非常計較。像是如果數字能進位就進位，不然也要自動四捨五入，反正能多就多！這道理就等同女人選購內衣一般。只能說，一扯到性器官，大家總是不喜歡輸給別人，只怕是說給自己心安的也沒差。

　　不過，尺寸大小不只男人重視，就連女性朋友們也是十分在意。這就好比男人的「身高是多少？」不只當事人在意，異性也同樣講

究。為何會這樣呢？追根究柢還是人類自己心理因素的關係。當我們褪去包括衣服在內的所有外表裝扮，再把內涵和腦袋裡的智慧也通通丟掉，那剩下來能坦誠相見、映入對方眼簾的，就只有身材和性器官尺寸了。這也就難怪陰莖的尺寸大小，會成為男性內心深處的驕傲，以及最愛比較的事物了。

至於開頭提到的那些迷信與說法，自然沒有任何根據，而且背後的真實答案往往出人意料：手指短的人有陰莖長的，鼻子長的人也有陰莖較短的，想要用這些方法來判斷人的性器官，實在是完全不準！古人常說：「人不可貌相，海水不可斗量」實在很有道理，當中的寓意就是在提點我們，別老是用外貌來揣測一個人的內在與他真正的樣子。

♂ 都是心魔惹的禍！

曾經有位個案因早洩問題而來到診所求助，在諮詢中發現，他早洩的原因竟與生活中的一件小事有關。

這位個案某天和朋友聚會時，無意間聽到友人的陰莖大小。他發現友人未勃起前的長度居然比自己勃起後的還長，從此之後就經常垂頭喪氣、悶悶不樂，心裡有了陰影，導致在性愛時老愛想東想西、無謂的操煩，連個性也越來越自卑。最後還讓自己的小弟弟因為心理壓力而站不起來，並出現早洩的情形。

事實上，這位個案陰莖的大小與長度都是正常值，卻因為聚會上的無聊話語，導致心魔產生還出現一連串自卑行為。其實多數男生在聚會上的聊天內容，常會因為想炒熱氣氛或愛面子而誇大不實，因為這種無意義的比較而失常，實在太不值得了！仔細想想看，

「勃起後的尺寸有多大？」這種問題，如果不是自己的性伴侶，誰會知道？既然不會有人出來對證，多數自然都是胡亂吹噓了。所以，千萬不要把一些無聊話當真，也不要太在意和自己無關緊要的比較。若是因為他人的隨意吹噓而耿耿於懷，甚至還在意、影響了本來的美好生活，那豈不是太不划算了！

♂ 不需盲目崇尚大老二

追求「性器完美」也可以說是人類的天性，而且還不分男女。尤其男人的老二，彷彿就像是自己的分身一樣，更有不少男女以為那裡的大小就等同男性在床上的魅力。還有些男人甚至會在陰莖上尋求整形，讓小弟弟輔助自己看起來更像個英雄好漢。但這些會在陰莖上動手腳的男人，其實都只是缺乏自信心罷了。與其在意自己的粗細大小，還不如先從自身的外表著手，或者改進壞習慣和缺點更來得有用。擁有一個乾淨清爽、陽光健康的外型，都是在重視陰莖之前，更應該具備的！

那麼陰莖的大小到底重不重要呢？其實只要在正常值範圍內都是沒問題的。那什麼是正常值呢？簡單一句話：只要在性生活上能夠讓你和伴侶滿足，就是正常值！總之，不要過度沒自信。做個好男人，努力讓另一半身、心、靈都能夠時常感到愉悅，可是遠比陰莖尺寸來得重要許多啊！

3
男人
就是要色！

性福導師說

♂ 你我的姻緣就是由「男人的色」而牽起

♂ 聽從渴望，讓下半身來思考，反而對雙方都好

　　和女性對照，男性的大腦比較容易遭受感官刺激的影響，加上生理構造關係，產生想做愛的念頭，一星期平均會有三至四天，也因此男性總給人「愛用下半身思考」的刻板印象。但其實無論男女，任何人都有性慾需求，只是男人肩負著眾多使命，本來就必須色一點。如果男人不色一點的話，女性要如何進一步接觸男人？如果女性無法主動靠近男性，那麼這世界不就沒有各種邂逅與認識異性新朋友的機會了？男女之事總得有一方必須先主動，渴望著親近另一方，否則如何架起往來的橋樑？我們幾乎可以說「男人的色」實在太重要了！仔細想想，這世界上多少的姻緣就是由「男人的色」而牽起，這些因為追求色而產生的契機，不只延伸男性自己的未來，也延續了所有人類的未來。

♂ 生育只是一時，性愛卻是一輩子

　　人類學家認為性是繁衍的必需品，如果壓抑了性、克制了性，對於繁衍來說是不利的，所以人類對性才有如此強烈的渴望。然而，

現代的社會型態已和過去不太一樣，我們周遭充斥著各種跟性有關的事物，例如各種因性而起的社會新聞、情色寫真、情趣用品，以及各種帶有性暗示等性感之物，而且無一不受歡迎、點閱率也居高不下。由此可見，「性」已不再只是單純為了生育而做的事，它早已成了人們平常追尋樂趣的一種基本需求。

性，早已跳脫繁衍因素。人們不是只有為了生育才能進行性愛，為了追求身心愉悅或是享受性愛帶來的其他好處，都是做愛的好理由。在愛情裡，與伴侶一起探索性愛樂趣，更是極重要的互動關係。想要更加了解對方，以及兩人的情慾世界，性，代表的就是一種彼此坦然，且願意全心全意付出自己、接納對方一切的表現。如果伴侶關係好，才有步入婚姻的機會；如果夫妻感情好，家庭便能和樂融融，小孩也就能在幸福美滿的家庭中成長，造就美好的未來。

♂ 男人怎能不好色？

回頭想想，既然性愛如此美好又重要，那男人怎能不好色？在性愛的時候，女性往往是比較被動的，因此男性就得扮演主動的角色，扛下責任、面對問題。或許如此，上天便賦予男性「好色」的特質，讓男性在做愛做的事時，可以樂在其中，而非感到重重壓力。不妨試著想想，當男性要對女性產生慾望，得要變得硬邦邦、還要負責調情、耐心做前戲，更要負責姿勢，最後還得出力幹活，萬一做得不好還得擔心東、煩惱西，諸多如此的問題，若不用下半身來幫忙思考與分擔的話那還得了？因此男性的好色可以說是必然、正常的現象。為了可以隨時提供性能量，男性最重要的就是必須具備對性產生渴望！

在我的臨床經驗裡，很多男人在ＤＩＹ時，都硬得跟鋼鐵人一樣，但在面對女性時，卻會因為焦慮導致陰莖無法正常勃起。有這種情況的男人，多數都是因為心中充滿著「愛」，進而讓大腦被許多複雜的情緒所占據而導致。此時，若單純讓「性」、「好色」給引導時，男人的性愛表現會好上許多。「愛」，其實給予男性眾多、沉重的壓力，有時往往比我們想的還大。通常，越想表現得完美的男人，就越容易表現不好。性這檔事，還是單純一點，多聽從身體的渴望，交給下半身思考，對男女雙方反而都是好事。

因此，男女之事的確是人類社會中幸福事物的開端，無怪乎古人要說：「食、色，性也」。男女之事和食物需求，一直都是最基本的民生大事，只要其中一項出現問題，人類的延續就會出現重大危機。最後，建議男性朋友們，寧可當一位好色之徒，也不要讓自己悶出毛病而產生「硬不起來」的情形！男人如果沒有了對性的渴望，對男女雙方而言，都有如失去全世界一樣糟糕。

致女性：克制不住對妳色的男人，才是真男人！

性慾雖能帶給彼此美好的感受，但也需要雙方的包容與信任。女性朋友們更要了解男性的生理時鐘，即便男人一整天精力充沛，也有必須休息的時候。所以，試著減緩他們的壓力，就要好好珍惜彼此做愛的機會，尤其在辦事的時候，就該盡情享受，並挑逗他們、用性事來餵養他們，使男人為了妳時時活力充沛。

4
有腹肌
會比較討喜？

性福導師說

♂ 外表或身材太好的男人，反而容易讓女人放不開？

♂ 高品質的關懷與細膩技巧，才是女生對你傾心的法寶

　　視覺，是人類感官中最直接的，而男性與女性的身材，都是觸動彼此性慾望的重要關鍵。男人愛看乳溝、水蛇腰、翹臀、長腿，那麼女性看到肌肉男時也會像男性看到乳溝時一樣興奮嗎？很殘忍地回答你，剛好相反「並不會！」

　　現實生活裡，大多數女性在第一眼看到男性的裸體時，一定是害羞並轉身迴避，恨不得馬上離開現場！再想想看，我們上網或逛街時，很容易見到女性裸露的清涼畫面，相反的，男性的就相對少一點。同理，要銷售裸男的寫真商品，也一定比銷售裸女商品來得難上許多。觀察市場的需求往往最能反應事實的真相，女性縱使會看男性的身體，但比起男性看到女性的身體來說，所受到的感官刺激相對較小。或者我們也可以這樣推想：想喚醒女性沉睡的性愛荷爾蒙，赤裸的男性肉體並非決定性因素，甚至它可能只占了一小部分而已。這一點，是不是和男性很不一樣？如果一位男性不清楚女性真正想法的話，就很難在多數女性眼中塑造自己的魅力。

♂ 只要有心，有沒有腹肌都充滿魅力

　　人不可貌相，要討好女性，並非都得依賴俊俏的外表或者健壯的體格。有些男性雖然外表和身材都普普通通，但憑藉著體貼的個性和風趣幽默的談吐，無論是在剛認識的時候，還是在床上辦事時，都因為讓對方大為滿意，而得到女性的喜歡和青睞。比如前陣子，日本最有名的前ＡＶ男優「加藤鷹」，就曾經在接受電視訪問時公開稱讚台灣藝人陳漢典，他認為，搞笑時候的陳漢典比起黃曉明、王大陸等帥哥還要更適合當ＡＶ男優。這是因為帶點搞笑的個性，比較能利用現場聊天的機會讓男女雙方彼此放鬆。此舉除了可以紓緩女優的緊張情緒之外，也能引領女優更快進入劇本情節。至於外表或身材太好的男優，反而容易讓女優產生自卑感或是更加放不開；這些道理同樣適用於性愛關係裡。做愛時，有能力引導女性、讓女性產生信任感並讓對方徹底放鬆，同時還可自在發揮的男人，往往才能營造良好的做愛品質。

　　再舉個例子，還記得知名男星王大陸因為《我的少女時代》電影票房突破三億而說要裸泳致謝的新聞嗎？可能有不少男性認為這則新聞之所以能夠受到大眾關注，應該跟女性愛看小鮮肉的肉體有關。若這樣解讀就錯了！在這則新聞裡，女性朋友們真正想看的並非是王大陸的六塊肌或是性感臀部，她們在意的，是承諾背後的一種勇氣與信用，還有為事業犧牲奉獻的精神。會因為這則新聞對王大陸產生好感的女性，她們喜歡的男性也一定是能夠表現出責任感和擔當的男人，這點跟肉體沒有太大關係。就好比我們都知道的，多數連續劇裡的男主角，除去高富帥，最重要的一點，往往就是肯為女主角全心全意付出的心。若少了這種為愛情奉獻的關鍵條件，無論再怎麼高富帥，終究成不了女性腦海裡的男主角。

♂ 外型不是絕對，「反差萌」才是

　　任何男性只要有心，在性愛裡都能讓女性滿意。外型往往只是虛幻的表象，加上在做愛時，心理層面的因素往往才是彼此的默契，以及性愛體驗能否完美的關鍵。換句話說，無論是肌肉男或是斯文男都會有女生喜歡。此外，男性朋友們必須明白，無論男女，人類產生性反應的變數非常多，外表與身材不是唯一因素。還有，每個人的喜好也會隨著人生階段而改變，無法簡單分類或是一概而論，有時各式各樣的奇特癖好更是關鍵所在。

　　例如，斯文有禮的男性突然變成床上強勢的猛獸，這種所謂的「反差萌」，也會讓部分女生很有感覺。甚至在某些時候，女生是否能容易沉浸在性愛的氣氛裡，也取決於兩個人相處時的互動感。以遺傳學的角度來看，人類天生也會被與自己特質互補的人給吸引。所以男人能夠利用的魅力其實相當多，千萬不要覺得唯有身材、外表才是性愛裡吸引女性的唯一武器。再偷偷告訴你，高品質的關懷與細膩的技巧才是讓女生對你傾心的法寶。除此之外，在平時就多汲取些跟調情及性愛有關的正確知識，也能夠讓女性拜倒在你的魅力之下！

5

「陰莖尺寸」
很重要？

性福導師說

♂ 大小，無關性能力
♂ 只要不會影響到行房，每個人的陰莖都是獨一無二的

　　男人從小就被教育要應付這個充滿競爭的世界，無論是在學成績、工作收入、社會地位，無時無刻都在迎合眾人的眼光。在這種風氣之下，「性能力」似乎也成了一種標籤，彷彿可以評斷、簡化成所有男人在床上的價值。加上男人們也都不想在這方面屈於人後，便紛紛陷入這無意義的比較迷思裡。

　　在會談室裡，也常遇到許多男性沒自信地問我：「那裡會不會太小？」甚至也有人聽朋友胡亂吹噓後，在缺乏正確知識和觀念下，導致自我質疑進而影響了真正的性愛表現。

♂ 都是假的！演的啦！

　　男性在青春期的成長過程裡，常因好奇而接觸許多性方面的資訊。無論是卡通、動漫或是成人影片，多少都帶有誇張效果和商業目的，裡面所出現的陰莖尺寸，大多不是平均值，也常誤導男人們以為陰莖越大，就越能在性愛裡使女人得到幸福。同時，男性也會從中去比較，認為西方男性的尺寸總是比東方男性來得大，所以床

上功力一定比東方人好。說真的，這實在是誤會！客觀上來說，也許人種差異確實會造成尺寸上的些微不同，但也非絕對。畢竟陰莖大小主要還是來自於個體差異，要拍影片、要賣錢尺寸自然得篩選一番，找效果較好的人來當演員才有人願意買單，可別把臺上演的當成真的！

事實上，就算西方人的平均尺寸略大一些，卻也有硬度偏軟的缺陷，而且現在重視陰莖硬度卻不在意些微大小差距的女性，反而很多。所以，硬度相對較好的東方男性也是有其自身優勢的！

♂ 不是「大」就好

通常，陰莖尺寸較大，便要提防抗老與早衰。大一點的陰莖，在勃起時，海綿體肌需要更高的張力，而且海綿體在充血後，兩側延長的比例若不對稱或是海綿體白膜彈性不平衡，就會造成陰莖彎曲。這點，西方男性也確實比較常出現。此外，絕大多數女性陰道的神經末梢，都只分布在陰道開口處的五公分之內，其他地方的敏感程度會下降很多。所以，這也是許多女性不在乎陰莖大小的原因之一，另外，也有一些女性比較在意的是勃起後的陰莖角度。

其實女性不見得都喜歡大陰莖，有時太大的陰莖也會產生性交障礙，或是帶來疼痛等不適感。還有些男生，總以為自己陰莖比別人大上一些，就因此忽略各種跟做愛有關的技巧，上了床，只知道不停地狂抽猛送，忽視了對方的感受，久了反而讓女性覺得沒受到尊重，成了拒絕往來戶。事實上，大多數的陰莖，只要接近平均值，勃起後不要太軟，都可以讓女人得到高潮和愉悅的快感。當然，前提是自己要花心思去了解女性需求，並要認真摸索性愛技巧才行。

若沒有心，即便陰莖再大，女性在性愛時沒有得到被疼愛的愉悅感，一樣無法受到歡迎。

♂ 不要只靠陰莖

做愛並非只靠陰莖，男人的雙手、嘴巴、舌頭也都是很常用到的器官。話說工具好又不如技巧好，扣除掉器官接觸之外，尚有做愛氣氛、做愛韻律、做愛內容、兩人心靈的溝通、言語交談乃至於心理引導、默契培養等，這些都是能否讓女性滿意的關鍵，重要性全都不輸給陰莖。所以說，男性朋友們千萬不要再糾結在大小的煩惱裡了，只要不會影響到行房，你們的陰莖都是獨一無二的。

最後提醒一下男性朋友們，陰莖大一點縱使能拿來驕傲，滿足自己的心理，卻不代表著性能力的好壞。千萬別將性能力和陰莖大小劃上等號，而讓尺寸壞了你的性行為分寸。如果只是仗著陰莖大而不願意學習正確的做愛觀念、技巧，可能會弄痛女性，或是使她在事後留下不舒服、空虛的感覺，進而對你感到失望而不再找你做愛了。

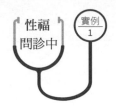

宅宅的小焦慮

「最慘的是，昨天還沒硬就射了，而且我上藥理學的課都無法專心，性功能的問題會讓我延畢啊！」

　　小耀，身高 181 公分 68 公斤 21 歲，台北某國立大學藥學系大三生。這陣子勃起出了一點問題，感覺陰莖這陣子充滿睡意，無硬度。長得又高又帥的他，卻削瘦且憔悴，眼神東飄西飄，步伐緩慢走進教室，不敢直視老師。

　　「你彷彿覺得自己走到地獄一樣，想找出口是吧！來，請坐。」

　　「嗯，在女人面前，我無法像個男子漢。」他眼神繼續游走。

　　「我猜是你躲在女人子宮數個月，那時被下馬威了。」

　　「老師，真的！A片男優的陰莖大又粗，看起來超猛，猛才能滿足性伴侶，妳懂嗎？本來我看A片都非常享受，現在看都硬不起來。」他憤怒地脫口而出。

　　「我們先不要談性這件事，先聊聊你曾經交往過的女朋友。」我帶開他離開憤怒情緒。

　　「我從來沒有交過女朋友耶！光想我的陰莖這麼細……」他音量逐漸縮小。

　　「未曾交過女朋友，說得像全世界女人都捅你妻子似的。」

　　「是沒有真正談過感情，但那不是我的錯，是因為女人都很現

實，要粗又要帥……」他理直氣壯描述自己的委屈。

「還好你符合一項，不過先說看看你為什麼被拒絕，你付出過什麼？」我耐心的提問。

「就約她們啊！沒有一次成功，前面都聊得很開心，後就不是被封鎖就是已讀不回，氣死我了！」他一副攤手歪頭聳肩的表情。

「唔！你怎約？」我質疑。

「我通常第一次就約汽車旅館聊心事，這樣不會被打擾，安靜又直白。」他不以為然表情回答。

「你約會地點就ＮＧ了，還想談感情，可惜了帥又高。」我想笑又想生氣的答說。

「性愛這件事是早晚都要做的事，第一次先看透澈不是也很好嗎？還有，老師！你不要說我高，絕對不要！因為人家說高的男人都很細，而且，打從自慰那一刻開始，我就三不五時在網路上搜集性功能數據，特地去買捲尺回來量，發現我的真的很細。導致我現在慢慢的不只是硬度受影響，也討厭看Ａ片，看了只會讓我的矛盾激化並抗衡，還有現在硬度已經不比往常，有時射精並不是真的很舒服。」他攤著雙手越說越激動。

「你好像是來找我理論的，不是來上課的。沒有任何人能一次就被摸透啊！何況性事很親密，你卻未想學會爬行就想奔跑，這樣的捷徑觀念是誰傳授給你的？親密目的性好強，完全無法看到愛情，以生理方向來否決兩性互動，這樣連基本的接吻都要學。所以，你要的是心細，而不是陰莖粗。」

♂ 女人對性的接受度，不是陰莖的粗細度

有位法國導演在西藏拍了一部電影《Samsara》（另譯：色戒）描述一位僧人閉關 3 年 3 個月 3 個星期又 3 天，出關後參加祭典，無意瞥見有位母親親餵母奶的溫潤乳房而瓦解閉關三年的苦行，僧人即使修行並經歷五戒，仍控制不了人最原始的性本性。

女性乳房帶給了男性直白的反應，不過，女性永遠與男性不同。有時，男人的微笑就可以是女人最棒的調情劑，更不用說大手或大肩膀，這都是男性性感泉源。女人不吃三圍這套，所以男性的三圍或陰莖尺寸並不會歌頌性生活。用自己的想法來看待另一半，是一種未成熟的思維，也容易忽視女人與生俱來的母性。大多數的女人通常都為愛痴狂，先別說看陰莖了，女人有時候還未完全看清楚男人的個性就已深陷愛情裡。

執業這麼多年來，有三成的男性個案，不曾談過戀愛，也從未有過真正的性行為，而是期待處理早洩或陽萎的困擾，甚至是學習技巧。這一來，就是跳過愛直接處理性愛。以愛為出發點而來找我的，通常只是愛的方式出了問題，或不懂得如何愛。於是，我經常開玩笑地對困在尺寸議題上的男人說：「尺寸小不是沒辦法，最簡單的是 PS 修圖，最難的是重新投胎。」

坊間很多以入珠手術來增大陰莖，但若勃起後仍小於 7 公分或細到像德式香腸，那真的得靠醫療來拯救。不過若只是單純想滿足另一半，建議多觀察對方需求，勇敢談那些自己不足的地方，了解對方在意的是什麼，才是首要。

「母親是否會因為父親的陰莖太細而離開父親？」

最後，小耀下課前 1 分鐘，我問，也期許他下堂課的答案。

Man 男人

肉體

關於
處女這件事

性福導師說

♂ 你該在乎的,是每一次的性愛都能讓你和她更靠近

♂ 找到合拍且願意和你長久走下去的另一半,才是重點

　　近幾年,古裝、宮廷劇可說是非常興盛,大家也往往透過這些戲劇,得以窺見古代帝王後宮的生活樣貌。我們都知道,帝王後宮的妃嬪們打從進宮,或願意、或不願意,只要一成年,都得先讓皇帝挑選過,不要的才能放出去尋找自己的幸福。然而,真正留在皇宮的妃子們,一輩子就皇帝一個男人,若能得到臨幸是福氣,得不到青睞或注意的,往往就得一輩子深居於後宮裡,無法體會到男歡女愛的樂趣。

　　在宮中,女性最重要的便是守身如玉,只要入宮,都得驗明正身一番,也因此出現各種奇奇怪怪、不太科學的驗證處女之法。像是觀察女子的性器官,或是拿個木桶盛沙使其進去蹲著,觀察細沙有無被吹動,若沙子絲毫不動,那便是處女。另外還有觀察皮膚、眉毛、眼尾紋,甚至是走路姿態等,無奇不有。或是乾脆採用最簡單的方式:直接挑選大批年幼女孩入宮,然後塗上守宮砂,約束她們的行為,如此就可以保證入宮的女性皆是處子之身了。

♂ 未來，處女一詞也許會消失

現在看來，古代這些後宮現象實在是有些迂腐、殘忍，而且在這種父權社會下的男尊女卑觀念，也大大打壓了女人的身體自主性。其實這種處女情結，不只女人受害，就連男性可能也會因為「我的第一次給了你，你就要負責娶我！」的想法而造成壓力與困擾。

愛情，本該帶給人們更美好的生活，但這種變相的愛和控制慾，往往摧殘著大眾的幸福。早在遠古時期，男人在外狩獵、捕魚；女人則採集、育兒，和樂融融，誰也沒意識到這些。就算在母系社會裡，也沒有什麼處男不處男的問題。反而文明了之後，人類把性行為與「貞節」連結在一起，才開始有了處女情結。其實「性愛」最珍貴的價值，便是帶有「真愛」在裡頭。若真的深愛對方，應該是希望對方幸福就好，「處女」絕對不是應該在意的問題。

♂ 自卑下的處女情結

隨著歷史演進，人類的慾望越來越多樣，也越來越複雜。當男人的地位升高後，也開始有了大男人主義。這種大男人思想是不平等且具有強烈「控制慾」和「佔有慾」，尤其表現在自己喜愛的女子身上更是明顯。大抵來說，當一個男性嚮往著處女時，代表他內心充滿著不安與自卑的心態，煩惱著若對方不是處女，那麼會不會把以前和別的男人發生過的性愛體驗，牢牢記在心裡，然後拿來和自己比較？

男人是追求性愛的動物，這也包括性愛中的表現及地位。若是發現自己的性愛能力被比下去了，不僅內心忍受不了，還有一種被威脅到的感覺。也就是說，這種大男人主義，也有一種物化女性的

想法，把女性當作物品一樣，簡化分成「使用過」和「未使用過」兩種，還告訴自己：人總是較喜歡全新未拆封的東西，不然就像是在使用一種二手商品，或是覺得這東西不是真正屬於自己。這些想法其實都是控制慾和佔有慾在作祟，不是正確的觀念。

♂ 擺脫不合時代的迂腐思想

人人生而平等，每個人都是獨立的個體，隨著社會變遷與時代轉變，現代的男女關係中也早已不像從前。目前的兩性結合多以自由戀愛為主，男人不再是唯一賺錢養家的角色，女人也不是唯一在家煮飯做家事的人。再加上，我們越來越重視親密關係與心靈層面的相處，也明白融洽又契合的性愛在愛情裡的重要性，遠高於處女這種東西。此外，已有許多人能夠接受結婚前同居和婚前性行為，這都說明了處女情結的觀念已越來越淡薄，也早已不適合存在於現在社會中，更何況用來約束女性、操縱女性。

♂ 男人該有正確的心態

不少男人因為不想淪為被比較的一方，潛意識也擔心自己的表現不好、性能力不足，或者還喜歡著前任等因素，而追求處女情結。真正心態成熟的男人，在乎的是每一次的愛情和性愛，都能讓彼此的關係更靠近，而不是那層薄薄的膜。

建議男性朋友們應該多用正面的態度來看待兩性關係，畢竟找到合拍且願意和自己長久走下去的另一半，遠比追求處女來得難上許多也來得更加重要。所以，記得平時多花些心思了解女性、多與女性們溝通互動，徹底發揮你的魅力和優點，才能真正成為女性打從心底喜歡的男人！

2

男人想要，
也渴望被需要

性福導師說

♂ 做愛，是想建立更深厚且獨一無二的情感

♂ 適時示弱與撒嬌，當個小男人會更有幸福感

　　如果有一天每個人心中的想法，都會被別人給聽見，那只要經過男性身邊，大概就會聽到：「哇！這女生好棒！」、「可惡，好想做愛啊！」之類的心聲，有時，這些對話甚至可以在尋常的男子聚會裡聽到也說不定。如此，不禁讓人感到好奇：「難道男人平常看看A片、打打手槍，還不夠滿足嗎？」我想，或許全天下多數男人都會回答：「沒錯，就是不夠！」但究竟是為什麼呢？

♂ 男人的心聲：性能力＝存在感

　　男人，除了本身就是追求性慾的動物之外，他們的內心世界其實也是非常渴望被女性理解、需要的，所以才會常想追尋肉體上的慰藉。

　　男人其實十分在意自己的存在感，無論是在生活、職場、性事裡、愛情中，都一樣。長期以來男人總被社會眼光定義為「應該一肩扛起所有責任」的角色，更該像棵大樹一樣，保護著圍繞在自己周圍的人事物。但我們也應該知道，再強壯的巨人，內心都有脆弱

和需要幫助的一面，而多數男人也總因為強大的自尊心，有時候無法開口敘述自己的脆弱，也無法告訴伴侶自己渴望被溫柔與體貼給呵護，於是就產生了兩性之間的鴻溝。

男人找女人做愛，也並非全出於男人的生理慾望，有時是想藉由自己的性能力來回報心愛的人，同時讓這份親密關係得以持續下去。然而，這種心情常被壓抑住，無法流露出來，所以做愛，便成為想建立更深厚且獨一無二的情感，讓彼此心靈交流，也讓彼此持續保持熱情的一種方法。彷彿初相遇一般，因為只有多和伴侶溝通，訴說彼此心中真正想法，才能促進親密關係的和諧，也才能夠洗刷男人在女性眼中總是只靠下半身思考的刻板印象。

♂ 別誤會！性能力不等於你在女人心中的地位

大多數的男人總是不敢流露出脆弱的一面，彷彿身為男人就必須無時無刻堅強起來解決所有的問題。在這種情況下，男人們普遍會轉由用性愛上的表現來填補這塊不完滿的生活缺憾，同時也藉此證明自身的存在感和重要性。好像能讓女人上天堂，自己便能得到莫大的滿足與成就了。

其實一個成熟的男人，在性愛關係裡，如何面對自身慾望、如何應對自己內心情緒、如何正確地和伴侶交流，才是一輩子該學習的性愛課題。也唯有學好這些事，才是男孩轉變為男人後的證明，同時也決定自己是否能成為真正客觀上的好男人，而不再只是「大男人」的指標。更重要的是，千萬不要把性愛時的表現與自己在女人心中的價值給劃上等號，否則心態可會越來越偏差，最後讓女性覺得不可理喻！

♂ 男人也要學會撒嬌

男人們在聚會時，一定都有聽過某些人不屑一顧地說：「那個誰誰誰啊，總是靠一張嘴來哄女人而已！偏偏女人也很聽他的話！」事實上這是一種誤解。在生活中，若有這樣只靠嘴巴就能和女性相處得極為融洽的人，那一定是個很善於兩性溝通的高手，而他也一定在兩性這方面做足了苦功。

反觀許多男性朋友們，是不是常常覺得自己花了許多力氣，就是沒法跟女性好好磨合？或是討不著女性歡心？甚至是相處下來彷彿像兩個不同星球的人一樣，完全沒法溝通和互相理解呢？其實，想成為女性心中的好男人，讓女性打從心底重視你、喜歡你，可以這麼做：

1、多營造兩人談心的時刻，坦白說出自己心中所想，也仔細聆聽對方的想法。

2、在性愛上多注重女性心理的感受，利用前戲與後戲的時間挖掘對方的內心世界。

3、時時提醒自己是否犯了大男人的毛病，或是有過於霸道和忽略對方感受的時候？了解自己的伴侶是否真的喜歡大男人的一面？還是喜歡自己的其他面向？

4、有摩擦時，理性的方法解決不了，不妨試試感性的方法，畢竟女人大多時候都是感性的動物。

就我的觀察，若你能放下大男人的心態，和伴侶在家生活時偶爾當當小男人，或許會更有幸福的感覺。這時你不妨向另一半撒嬌，

告訴她：「我真的很需要妳！」或是「有妳真好！」之類的話語。此時另一半會因為你的態度和帶給她的驚喜，給你更友善也更充滿愛意的回應。

關係是一面鏡子，愛是鏡像的互動

千萬不要害怕把自己柔弱的一面呈現給對方知道，因為相愛就是彼此用最真實的樣子一起過生活，互相分享所有的情感點滴。示弱與撒嬌也不是只有女性才能做的，有時男人適度地流露出柔情的一面，無論是在日常生活還是床上，都可以讓女性感到自己被需要，在情感鞏固上也有很好的效果。

在感情世界裡，我們的一舉一動都會映入對方眼簾，就像是鏡子一樣，我們怎麼做，就會得到對方怎樣的回應。試著從鏡像互動中，檢視自己的行為與付出，最終成為一個懂得追求幸福的男人，也帶給女人幸福。

3
小酌調情
大酒老二就不領情

性福導師說

♂ 喝一點不致影響性功能，射精時間也會延後
♂ 喝太多的話，小心沒感覺，小弟弟還會歪腰

　　大家是不是都有好奇過：「為什麼酒精好像有一種開啟慾望、關閉理性的微妙力量呢？」其實這跟我們體內的分泌物有關。

　　我們的大腦既複雜又神祕，其中的神經系統分泌著許多傳遞訊息用的神經傳導素。這些物質就像運送員一樣，職責是協助大腦傳遞訊息到我們身體的其他部位，而能夠帶給我們愉悅感，號稱「天然嗎啡」的「腦內啡」，和我們的情緒感受有著非常密切的關聯。

♂ 會讓你感到幸福、愉悅的奇妙腦內啡

　　當酒精進入體內時，大腦遭受刺激，掌管理性系統的感知會開始削弱我們的理性與意志力，同時也會分泌許多腦內啡出來，讓人產生愉悅的心情。當人的理智與堅持逐漸減少了，那麼感性的想法與內心慾望就很容易破牢而出，我們也就容易進入快樂、想放縱的感覺。例如在談戀愛或迷戀偶像時，腦內啡就扮演著關鍵的角色。同樣的，你我常聽到的「酒後亂性」或是「酒後吐真言」等，也都是腦內啡在作祟。明白上述道理就不難理解，能夠刺激大腦分泌腦

內啡的酒精，為何會如此受到人類的喜愛了。

追求慾望與快樂，就像對性的追求一樣，是人與生俱來的本能。大多時候，人們總會感慨歡樂的時光過得特別快，美好的事物總稍縱即逝，於是開始有了各種紓解壓力和追求快樂的活動，然後「酒」在當中往往就扮演著極重要的角色。當然，身為人類排名前幾大樂事的性愛，也就自然少不了用美酒來助「性」了。

♂ 小酌可調情，暢飲老二就GG

男人們一定要注意！喝酒可以助性，適量即可，若不知節制喝得太多，無論男女都會產生反效果。適量喝一點酒或低酒精類的飲料，會讓多數人情緒微微亢奮，並感受到一種自我存在的幸福感。同樣的，在性愛情境裡也能夠引發性慾、擴大感性的知覺，所以有許多人都喜愛挾帶這種微醺的心情來尋歡。

其實，喝點小酒不僅能幫助原本較「矜持」的人，更加敞開心胸去面對性愛，也能讓雙方沉浸在浪漫的感性氛圍裡。但男人們若只想藉著酒意發揮雄性本能而過量飲酒的話，可要小心會弄巧成拙。相信你一定看過，不少人酒喝過頭時，許多窘態、笑話不斷發生，不僅自己形象大減、魅力全失，還有人甚至沒享受到愉悅的性愛，在翻雲覆雨前就醉得不省人事了，這不是白費心力、得不償失嗎？男人們，就讓我們來看看酒喝過頭時，可能會發生哪些ＮＧ情況吧！

1 沒快感且無止盡的活塞運動

對多數男人來說，喝一點酒可以稍微抑止生理上的性興奮，並且不致影響性功能，同時使男性射精時間延後、活塞運動時間拉長。

不過要注意的是，喝太多會讓神經更加麻痺，下體也難以充血！同時，敏感度也大幅下降，感覺就沒像平常那麼舒服。如果你的另一半剛好需要較長的抽插時間來滿足，那先恭喜你。但如果不是的話，就有可能在時間延長後，令女方產生不舒服、乾澀，甚至疼痛的狀況，而自己也不像平常那麼享受了。如此一來，就稱不上是場愉悅的性愛。

② 肢體麻痺，力量不好控制

酒喝到茫時，身體彷彿不是自己的，做什麼事情力道都不好使、控制力也下降。然而良好的愛撫，是需要小心翼翼、專心去做的。當你無法控制肢體力道做出較細膩的動作時，不僅無法滿足女方，還可能會疼痛對方，讓雙方敗興。

③ 肚子脹氣無法助興

喝酒容易使肚子脹氣，如果喝太多，會發現做愛時，有許多姿勢都變得難以使出。更甚者，還有可能因為體位的關係刺激到肚子，萬一不小心嘔吐出來，那就太煞風景啦！

④ 叫錯名字說錯話

這點應該不用多說吧！萬一在做愛時喊錯名字，或是說了什麼不該說的話，後果可是不堪設想。所以那些喝醉酒會亂說話的人，一定要避免喝多啊！

總之，喝酒助性這檔事，確實可以讓雙方更加開心，但一定要拿捏好。假如真的喝太多，小弟弟要是休兵了，想要提槍上陣一切可都是空談囉！

4
愛的
馬拉松高手

性福導師說

♂ 能和對方一起奮鬥、一起享樂，才不容易覺得疲倦
♂ 床上的衝刺得照著當下感覺走，滿足女性才是致勝關鍵

　　近年來跑步運動盛行，平日晚上常常可以在運動場上看到做自我訓練的民眾們。有跑步習慣的人就知道，在長跑時，如何調節呼吸並控制步伐是非常重要的技巧。不懂得控制節奏的話，跑起來就相對累人，要完成目標也就難上許多。

　　男女之間在談戀愛時也是一樣，愛情與跑步可以說有許多相似的地方。從兩性的互相追求，甚至到談戀愛乃至於步入婚姻，整個過程就是不斷地在做跑步運動！既然愛情就像場長跑，也是場馬拉松，我們就不能不了解其中的細節與道理。

♂ 愛情的雙人步調

　　「唉……談戀愛好累喔！還是一個人自在許多！」許多單身男子聽到這種話想必會覺得刺耳，但確也是事實。單身時，愛做什麼就做什麼，談了戀愛後，一舉一動或做什麼決策，都必須顧及兩個人的心情。在吃喝玩樂的意見上有分歧還是小事，萬一是價值觀、想法的差異，或者是對未來的規劃不同時，就很容易發生吵架或分

手的情況。說穿了，就像兩人共同慢跑一樣，你必須隨時注意跑友的感受，你們步調是否一致？是自己太快了，還是對方過慢了？兩個人的設定里程和目的又各是什麼？這除了要看雙方的身體狀況之外，也要看雙方對這趟長跑所體悟到的心得是否一樣而定，當中沒有標準答案，只能好好去溝通與協調。

婚姻則是戀愛的延續，也可以看做是愛情馬拉松的一個中繼點。很多人以為愛情長跑許多年，終於可以修成正果步入婚姻，殊不知「婚姻才是終極馬拉松的起點」。當兩個人變成兩家人，再加進小孩子、柴米油鹽等各種煩惱；當漫長的感情不如熱戀時光，如何琢磨能讓感情繼續保鮮的策略，並光榮地跑完這場婚姻馬拉松，就相當重要。

讓愛情保鮮的方法很多，像是預留一些私人空間給對方、不踩對方底線、時時保持浪漫、培養共同興趣等，都是我們常聽到的。不過這裡最想推薦給大家的祕訣是：做彼此的知己！

男人常想著紅粉知己，女人也總想要有個懂她的男人。若雙方能做到「彼此是對方的知己」，凡事會找對方第一個傾訴、第一個分享，詢問對方意見、重視對方想法，和對方一起奮鬥、一起享樂，這種互相依賴的關係會讓我們在婚姻長跑裡不容易覺得疲倦。這種既是伴侶又是知己的雙重身分，所建構出來的家庭關係，將會是最穩固的，也可謂是最理想的愛情長跑策略。

♂ 床上的性愛衝刺

為了讓雙方能夠攜手跑下去，愛情長跑大多需要理性的策略，來幫助自己在長期作戰下達到目的。不過，男女之間的床上運動就

和談情說愛時的馬拉松運動不同。床上運動這件事傾向感性處理，盡量照著雙方當下的感覺走，才能容易讓雙方感到愉悅。通常，性愛的重點不外乎是以下這些內容：1 愉悅的氣氛；2 浪漫的前戲；3 充分的運動；4 事後的交流。

以上這四件事情，除了在做愛前的氣氛需要刻意花點心思先製造之外，其他的階段都不適合在當下盤算太多。在床上相互愛撫時，建議多花些時間滿足女性各方面的感官享受，只要抱著一顆服務對方的心，女人都能夠感受到，也會打從心底更想回饋你、服從你，並投入於性愛情境裡。如果當下有不清楚的，就多開口詢問並關心女方就對了，切忌埋頭苦幹，不然很可能是在做白工唷！

男人該看清的床上迷思

進行活塞運動時，應該依靠感性的直覺，引領雙方身體舞出韻律感，才是重點。

對女性來說，「一整套」的美好體驗是缺一不可的，如果想要表現得好，那就應該在各個環節都多下些功夫，不要只把力氣集中在某一個環節上。至於理想的做愛時間長短，通常不像男性朋友們所想，事實上，若做愛時間太長，反而容易產生麻痺或疲倦感，影響了雙方的性愛體驗。盡量讓雙方全程投入在享受的氛圍裡，確保彼此心靈都有了滿足，如此一來，一旦達到合適的衝刺點時，就不要猶豫直接衝刺下去吧！此時，將所有的愛一口氣都灌注到女性身體與心底就是對的作法。

5
用大腦
操控你的性愛

　　不知怎地，男性的尊嚴與性能力總是很容易被劃上等號，也因此，當男性們聚在一塊時，往往會互相吹噓，像是：「我一次可以做上好久，一個小時以上也沒問題。」「只要我想，一晚能來好幾次！」「我每次都會讓女伴高潮連連，直到她喊不行才停止！」諸如此類、無意義的吹噓，相信大家一定都聽過，而且還大大影響男人。似乎，在性方面若有問題就抬不起頭做人，相當不幸。如此也導致一些真有煩惱的男性因為愛面子，而遲遲不敢尋求正確解決之道，甚至去找尋無根據的偏方，最後於事無補還造成惡化。

　　就算是機器都會有出問題的時候，更何況是肉做的人呢？有誰的身體或心理是永遠不會出毛病的？有問題就應該尋求專業診療，以免越拖越久，讓一件單純的事演變成更大的生活困擾。

♂ 男性的惡夢：早洩

　　「今天會不會又提早繳械，無法滿足她？」

　　「她看起來很舒服，可是我快忍不住了，怎麼辦？」

「她會不會因為我這方面的問題，就認為我無法帶給她幸福、想離開我？」

男性最常發生的困擾，要算是辦事時，小老弟總是不爭氣的提早收工這件事。而每每越擔憂這些問題，就越容易表現不好，簡直是惡性循環吶。在執業的日子裡，我們除了接觸過無數這樣的個案之外，也常常聽到這些個案們自身聽來的偏方。像是做愛時戴著兩層保險套、平時洗澡利用冷熱水交替沖洗陰莖、努力放緩節奏不做太大的動作、用做愛次數來彌補品質，或是強迫自己在辦事時腦袋放空或想其他事情等。每當我們聽到個案的敘述，都不禁替他們捏把冷汗。在此我們要幫你釐清一些迷思！

♂ 治標不治本的偏方，易產生這些狀況：

1、硬度不足、難以持續勃起

做愛時，為抑制自己的性興奮，常會聽個案描述讓自己拚命轉移注意力的方法以減緩強烈的射精衝動，但大家知道嗎？這可是有副作用的！在年輕的時候，或許可單靠肉體交合的刺激感來維持陰莖硬度，但隨著年紀增長，做愛時腦袋依然習慣放空，欠缺性幻想以及衝動感的話，久了可能導致一換姿勢或休息一下，就會迅速軟掉得重新再來。或者，之後你會容易在做愛過程裡，陰莖一直呈現硬度不足的狀態，這也可能令女方得不到滿足，顧此失彼了。

2、重量不重質，影響女方心情

不少男人常常這麼想：「既然這次不理想，那麼就再來一次！」也許休息過後第二次上陣的時間確實比第一次稍微延長了，但品質如何仍是另一回事。對於女伴來說，性慾被挑起卻總是無法滿足，

長久累積下來會影響女方性慾和心情，並間接影響雙方的親密關係。

3、過度壓抑，身體機能退化

想想看，當你 18 歲時，情慾一受到撩撥便能立刻上陣。不過，當你邁入 30 或 40 歲時，想要呈現備戰狀態，光靠自己的意識恐怕很難讓小弟弟聽命。這時仍需要多重感官的刺激，以及和伴侶間的親密情感做為倚靠才行。若過度壓抑性衝動和大腦的性愛想像久了，身體將漸漸變得遲鈍，有時情況反倒還可能比現在更糟。

4、徒勞無功與潛在風險

戴兩個保險套，容易使保險套因相互摩擦而破裂，失去避孕功能，破掉的套子還可能造成女方不適感。至於用冷熱水交替沖洗陰莖，可能具有促進血液循環的功用，但這最多只是養身，跟改善做愛品質仍無絕對關聯。

♂ 控制你的感覺，學習用大腦做愛

男人在自慰時只需專注於自己的性慾抒發，此時也代表著不需顧慮另一個人的心情。不過，在實際上陣時，性與愛可說是密不可分的，除了本能的慾望外，做愛時大腦更要充滿對性的渴望。因此，了解自己和女伴對性與愛的詮釋，便是最重要的課題。

通常，延長活塞運動的時間不是性愛的一切，懂得如何互相滿足才是重點。所以，平時你就要多花心思去了解另一半，盡力在前戲的階段就使對方沉浸在非常享受的狀態裡，這樣你之後也會輕鬆許多。

除此之外，也建議男性朋友們建立自信心，多多摸索並了解自

己身體的敏感帶，或因何敏感，讓身體試著適應敏感，找出問題點也就容易產生解決方法。還可以設立一些階段性目標，試著每次都控制一下射精的時間，久了也會有些成效出來。在做衝刺運動時，腦袋可以保持著性慾，然後適度放鬆，或是稍稍轉移注意力，並在適當時機，自然地轉換做愛姿勢。如此，既可讓女性感到有情趣，也可以藉機稍微喘息一下。

性愛裡，性太多、愛太少，就成了機械式的活塞運動；性太少、愛太多，則搔不到癢處。除了上述方法外，男性朋友們也應多貼近女伴的心扉，引導女性萌發情慾，才能主導戰局，軟硬兼濕，體會到性福的美妙。最後請記得，本篇只是輕微早洩的個案分享，若有其他比較嚴重的困擾，仍應尋求性福導師的專業評估來解決，或接受客製化療程治療，才是根本方式。

課後訓練

性福要自助，正確改善早洩的方法！

通常早洩所引起的負面想法，會導致情緒、生理及行為上一連串的焦慮情緒反應，這時你該如何透過自助訓練，才可突破惡性循環的心理和生理枷鎖。以下表說明：

1	性史紀錄	過往經歷如何影響現在的思想、情緒和行為
	事件	課程前：有輕微早洩困擾，與女友今晚將有性行為。 課程後：學會控制射精
2	建立正確認知	改變錯誤認知和習慣性思維等
	想法	課程前：怎麼辦？今晚會不會在前戲時就射精？ 課程後：了解如何使雙方達到性滿足，並學會控制射精，對自己有信心。
3	教導自助訓練	依個案狀況，解決問題
	交互影響	生理反應←———（交互影響）———→情緒
		前：心跳加快、勃起反應　前：焦慮、害怕、沒成就感 後：睪固酮增加、控制射精　後：愉悅、自在、有成就感
4	設定階段性目標	設定目標，循序漸進
	行為	課程前：逃避親密行為、減少自慰、抑制性慾…… 課程後：性愛頻率增加、雙方皆能滿足、有自信且親密關係更好等。
5	家庭作業	加強自我控制與管理的能力

在性福自助訓練法中，個案須積極參與，並與性福導師共同合作。

＊在此以輕微早洩為例，其他方面的困擾須經評估後給予課程建議。

早洩或陽萎，哪個致命？

「希望藉由老師的建議，能讓女友別急著分手，因為我想性功能並非沒有救，我一定還有能力讓她幸福，這段感情我付出很多，藍圖上規劃著與她的未來，不希望一切因為性能力而破滅！」

合旭，32 歲，調酒師。與女友交往再一個月就滿六年了，最近女友提出分手，理由是「床事不協調」。第一次會談時，他拿出包包裡兩張 A4 紙，上面寫了滿滿的自白書，描述了與女友之間的性困擾，希望經由老師評估後，能有方法改善。他低著頭坐在會談室椅子上，不斷重覆看著自己的故事，一對不安的雙眼眨個不停。我剛坐上椅子還沒來得及開口問，他臉頰早已掛著二行淚，瞬間澆熄我上一個成功案例的雀躍心情。

♂ 尊嚴很重要？

「從小我就非常的自卑，因為患有妥瑞氏症，壓力一來症狀就越明顯，同學經常取笑我，導致童年恐懼又悲傷。上了大學更害怕同學發現我的病，而用異樣眼光看我，於是我學會用有意識的方式，壓抑自己的抖動，直到我在工作上認識了現任女朋友。她是個好女

孩，全世界唯獨她接受我的一切，是她改變了我，讓我誠實面對自己，但卻因性事不協調而提出分手。突然間，我認不得她了，她以前不是這樣對我的。」他停頓了一下又繼續說。

「其實我是個很好色的人，性慾非常好，但有時我會拒絕她的性邀約，因為我心理很清楚，她都沒在性愛上得到享受。」他邊說邊啜泣。

「所以，你現在坐在這裡，你的情緒我看見了，你的垃圾倒在這裡了，可以跟你分享一個想法嗎？」終於等到他流淚停了，我趕緊開口，語氣帶點安撫聲。

「老師，我不是只有這個情緒，大學畢業旅行時同學們去泰國玩，預約了泰國浴，我太過興奮還沒進入就直接射；再來就是第一次和女友做的時候，進入陰道抽動根本不到五下就射了，所以到現在還是很害怕想射精的感覺。感覺一旦來臨，我會試著打消享受射精的念頭，都是射精念頭傷得我這麼沒自尊。老師，您一定無法想像，一堆男人享受射精的快感，但我卻要壓抑，我的無助沒有人知道。」我還來不及分享想法，他又搶著訴說所有的哀傷。

「所以，還有嗎？」我語氣溫和地問，但其實很生氣，於是很快地又接著問，不想讓他有開口的機會。

「我想，你女朋友應該曾經暗示過你這方面的訊息，你是否忽視了什麼？否則這一轉眼六年的性生活裡，若沒有包容也維護了你六年的尊嚴，這樣難道還不夠？女人若在床事上有困擾，是非常孤單的，因為不知道找誰討論。當你有需求時，還得配合勉強你，你可也曾想過？」

♂ 性愛的忍耐期有限，量轉質才迷人

在前陣子的座談會上，我與女性朋友打開性愛話匣子，題目是：「早洩或陽萎，哪個致命？」這場座談會上有二十二位女性，有二十位女性朋友投給陽萎一票，唯獨兩位女性選擇兩個都不想要，想要正常的男人，其中有幾個有趣的回應。

「早洩可能是我太性感，可接受，但要治療，久了不行」

「聽說陽萎腎虧」

「早洩可以治療，陽萎聽說很難」

「早洩可能過度自慰，戒了就會好」

「早洩可以做第二次啊！」

「早洩可以加技巧輔助，慢慢治療」

「早洩還可以舉」……

男人們，這些都是女人的心聲，你們聽到了嗎？

當彼此開始熟悉時，要的往往不會只有愛情，一頭栽進愛情裡的情緒很短暫，想要更多激情需要心理與生理共同結合。性一直不是一件困難的事，學得來、改得了、治得好；但愛情不只難解釋，維繫關係靠的是更多的經營。因此，無論經營得好與不好，性愛都會變成關係中的最直接的感受器。

從合旭的案例能明白的一件事，無視對方的感受，再多的愛早晚都會被消磨掉。至於解決方式是？需要的是「以量轉質」。

Man 男人

性器

1
Man talk 真心話：
我愛吹喇叭

─ **性福導師說** ─────────────────────

♂ 看著女性用嘴吸吮自己下體時，會產生一種優越感與征服感

♂ 多多誇讚，讓女性獲得成就感，日後她對口愛也就不再排斥

哪個男人不愛被吹喇叭？沒有的話真的是稀有動物了！

看著女人用嘴含著自己的性器，溫柔地服侍自己，這種滿足或許是女人無法完全體會的。雖然說女人也可以享受男人幫她們口交，但這兩者的感覺終究還是有些不同。尤其男人是視覺的動物，看到女性用嘴幫他服務時，可不是單單覺得下體舒服而已，那種連帶的心底深處的慾望，此刻也都得到滿足了。在這個章節裡，我們把男人喜歡被口交的原因，簡單分成「生理」與「心理」兩個層面來探討。

♂ 生理：嘴巴 V.S. 陰道

女性的嘴巴與陰道，都是男人做愛時最想要讓老二親近的地方。口交在生理上能夠滿足慾望，主要是靠嘴含住陰莖時的觸感，這對男人來說簡直是種銷魂的感受。嘴部與陰部的構造完全不一樣，接觸起來感覺也就不同，兩者最大的差異，就是嘴部還擁有一

個能夠靈活運動的「舌頭」！舌頭的靈巧度在人體的器官來說，僅次於手指，而且又充滿水分，不需事先潤滑，實在是非常適合用來撫慰陰莖。

另外，也有的女性願意為男人服務到最後，偶爾讓心愛的男人射在嘴裡，這對男人來說，又是另一種層次的快感。由於嘴可以在男性射精的那段時間以及射精完時，繼續用舌頭或口腔做撫弄的動作，因此與平常射在陰道裡的感覺截然不同。綜合以上各種生理快感，舒服自然不在話下。

還有，嘴既和陰道同樣都有著包覆感，卻又比陰道更加濕滑，同時還多了個靈活的武器能夠挑逗龜頭與陰莖的每一處神經，也難怪男人會這麼喜愛被吹喇叭了！

♂ 心理：征服感與視覺享受

了解男性生理上的快感後，接著說說吹喇叭給男性心理上帶來的愉悅感。

對男人來說，被女性用嘴服務，更深層的意義是滿足自己的心靈需求。當男人看著女性用嘴吸吮自己下體時，會產生一種優越感與征服感。那種感覺有如自己被人全心全意服侍著，而且對方只專屬於自己一人。這是男人的天性，一種不同於女人的佔有慾，同時也是一種情慾表現。另一方面，當女性在口愛時，以男人的視角來看，會有一種高高在上猶如帝王般的感覺，也能看到心愛之人平常不易見到的姿態與表情，這些征服感和視覺新鮮感，都是男性在心理上喜歡被吹喇叭的主要原因。

但男人們一定要知道，真正 MAN 的氣度應該在平常生活中就

要展現出來，而不是一味只在床上展現這種硬漢作風，或是誤把馴服對方當成愛情的表現，否則小心女人不吃這套，還給你在心裡扣分唷！

♂ 做個 Nice Man! 享受前你必須……

　　真心喜歡為男性口交的女性其實很少，因為當女性在幫男性口交時，自己並不會得到任何「生理」上的快感。所以女性幫男性口交時，大多出於一種奉獻、討好、服務對方，或是一種「看著對方開心我也開心」的心意。因此當男性在享受口愛這件事時，一定要優先注重女性的心理感受，畢竟這可是種無償付出，萬一女性感到任何的不舒服，以後就很難再有同樣的福利了。接著我們就來看看有哪些事情是男性在被口愛前必須要知道的！

1、下體的衛生

　　希望女性幫自己口愛，首先要注意的就是衛生，這是最重要的事。性器官若不能保持乾淨，任誰也不想幫你服務。每個人的體質、飲食習慣、生活作息都不同，有的人陰莖和體液容易有異味，因此口愛前一定要確實清潔。包皮較長的人，也要把包皮徹底翻開來清洗，這樣女性在服務時不僅不會被異味給掃興，同時也比較放心嘴巴不會有其他不乾淨的外物進入。

2、女性的心情

　　當女性含著陰莖時，咽喉部會頻繁地受到刺激，身體會本能的產生排斥感。此時男人應該比平常再更溫柔點，切勿為了增加自己的快感，學習ＡＶ影片用手大力按壓女性頭部。這不僅會讓女性感

到難受、痛苦，還容易讓她嗆到或噎到，「自己一心付出而他卻只是把自己當作工具」當女性心裡這麼想時，這位男性可能就沒有下一次口愛的機會了！

3、被口愛時你也可以為對方做的事

當女性為你口愛時，除了得到你感到舒服的讚嘆聲之外，你也可以藉此機會，多多讚美她，把平常較少說出口的言語利用個時候，自然地、心懷感謝地說出來。如果不知道該說些什麼的話，可以試著說說：「寶貝，妳真的好棒！」「我好愛妳、我最愛妳了。」或是「寶貝妳的技術好厲害！」「我最喜歡妳用嘴幫我服務了！」之類的話。這不僅能讓女方知道你的心意，也能讓她獲得成就感，日後對口愛便不再排斥，甚至還會產生興趣。

另外，當女性埋頭為你服務時，你也可以輕輕撫摸她的臉龐、耳朵、脖頸、背後以及胸部，讓她知道自己看中的男人不是個只顧自己享受的傢伙，而是個性愛 Nice Man ！

2
自慰，
男人的性慾潘朵拉

性福導師說

♂ 自慰只要不影響到身體和作息，其實是一種正常的性慾釋放
♂ 利用自慰探索身體，再準確傳達給伴侶，營造出滿意的性愛生活

　　對男性來說，自慰是從出生就蘊藏在心底的潘朵拉盒，多數的男性在青春期時會打開，一旦嘗過美好的快感之後，這盒子往往就關不回去了。

　　自慰幾乎可說是男人滿足自我性慾最簡便的方式，所以有些生活較為封閉的人，往往會出現自慰成癮的現象，但只要不影響到身體和作息，這其實是一種正常的性慾釋放。良好的自慰習慣不僅能夠放鬆身心，也能夠消除一些雜念，找回精神集中力，對於男性的生活與工作都有著非常大的幫助。

　　然而有些非單身的男性，在閒暇時仍會與自己的十指姑娘偷情，這時若被伴侶發現，總是得不到良好的回應，甚至還會發生爭吵，這究竟是為什麼呢？關於這點，很大的因素是女性的「佔有慾」在作祟。

　　「你有我了為什麼還要看影片自己來？你平常心裡想的是不是都是那些ＡＶ女優？」

　　「你是不是不愛我了？可以做愛為什麼還要自慰？」

　　「你是不是對我沒感覺？對我膩了？」

發現男伴有自慰的情形時，女生們總是會連番砲轟地說著，相信許多男人一定感到莫明其妙，有著有苦說不出的經驗。

♂ 自慰就像「獨自練習」

自慰其實真的沒有什麼不好，如果拿運動來比喻的話，自慰就像是一個人的練習；做愛則是和好夥伴一同上陣的競賽，並不衝突。

一個人的運動練習很多元，像籃球可以獨自練習運球和投籃；網球與排球可以藉由牆壁反彈的力道來練習；打羽毛球也可達到做做手腕揮拍和腿部肌力等訓練。總之，有一項能夠讓你以精益求精來當作目標的休閒活動，它一定有自己練習、自我探索、自我對話的時候。

我們都知道，和伴侶做愛時，彼此間的親密互動與契合感才是性愛交流裡最重要的關鍵。但是這種契合感並非自然產生，而是需要每對伴侶用心去挖掘並長時間磨合才能夠達成。若想在短時間內有效提升彼此的契合度，除了必須了解對方的身心之外，更重要的是對自我身心的認知與了解。

比方說，你必須完全了解自己喜歡些什麼、容易被什麼事情給影響而產生性興奮；或是想達到以前從沒有過的快感時，那就得利用自慰的時候，徹底探索自己的身體與心靈。掌握住這些，也才能準確傳達給伴侶自己的需求與想法，讓兩人營造出雙方都滿意的性愛生活。也就是說，即使是感情非常好的伴侶，在彼此的性生活裡，也欠缺不了自慰這檔事。

♂ 單打模式與雙打模式

除此之外，自慰也像是平常獨自玩電動玩具時所選擇的「單打模式」，而做愛則像是找夥伴一起闖關殺敵的「雙打模式」。

其實無論是自己玩或是找伴一起玩，都是很好的性慾抒發活動，應該多用正面的眼光和想法來看待。雖然雙人遊玩時，可以有比較真實的感官享受，但單人遊玩時也有單人遊玩的好處。像是不必在意別人感覺、做起來毫無壓力、不需花費力氣、省時間等等。想要快、想要慢，或是幻想一些平常做不到、羞於去做的事來滿足自己，這都和與伴侶做愛的感覺不太一樣，對於男性而言無疑是另一種樂趣。

♂ 如何與她好好溝通

為了自慰而和女伴吵架，實在是很不值得又沒有意義，所以一定要好好溝通。首先，我們得明白當女性如果發現自己的丈夫或男友在自慰時，心裡會產生一股自我質疑與受傷感，這當然很正常，沒什麼。因為女人總是先有愛，才有性，因愛而性。一旦發現所愛之人即使沒有她也能滿足時，便會質疑起彼此之間的感情。

身為男人，這時候得先表達自己絕對深愛女方、也很喜歡一起做愛的一貫立場，只是在生理需求上，仍有多餘的性慾需要發洩，盼對方能夠體諒。接著可以再從想體貼女方、不希望女方太累、純粹想快速發洩，好集中心力去工作等動機來陳述。另外還可以告訴女伴，平時讓你好好地進行一個人的探索，有助於和她做愛時營造出兩人都更滿意的境界。相信這麼說，女伴久了也能夠逐漸理解和接受。至於平常一起做愛時，當然就得更盡力了，以免讓她們覺得本末倒置。

最後再提醒一下男性朋友們，如果女伴問你自慰和與她一起做愛「哪個比較舒服？」時，可別傻傻地不知怎樣回答才好喔！

3
想嘿咻，
為何她常拒絕？

性福導師說

♂ 雙方平日不溝通，想做愛時她當然不會主動配合
♂ 男人能一時性起，女人卻要從大腦到心裡都感受到情意才行

「偶爾我也會主動跟老公求愛，如果老公說他有點累，我便會體諒他。可是很奇怪的是，每次老公主動求歡，我就不能說不，每次一拒絕，老公就惱羞成怒，氣好幾天。明明累得要死，還是得拖著身子盡力配合，如果真的沒力氣配合，就像被強暴一樣。唉！到底該如何拒絕老公，才不會傷感情呢？」曾經聽身邊一位女性個案這麼說。

其實當女性說出：「老公想要，但我不知道該用什麼方式拒絕才不傷害感情。」這些話時，就可以了解這對夫妻的親密關係已經出現問題，所以才會無法溝通。假如親密關係很好，可以心靈交會，老婆即使一時心情不好或是覺得不舒服、不想做，老公應該都很容易了解，也不用苦惱這些問題。會苦惱拒絕的問題，代表問題背後有更深層的原因。

說起來，「男人想要但女人不想要」的情況很常見，如果彼此性生活還算正常，那實在該體諒一下女方，可能女方真的太累了，也許下次就可以。畢竟現代女性工作和家庭兩頭扛，壓力相當大，

如果又有小孩，真的是不輕鬆。身為男朋友或老公，平常一定要多多了解女方的內心，替對方思考，自然也就不會吃閉門羹。如果你的女性伴侶真的很累，要去了解她「感到疲憊的原因是什麼？」是不是有什麼事情自己忽略了都丟到她身上？或是有什麼事情是自己可以幫忙分擔的？如果伴侶是心情不好，也要去了解為什麼她心情會不好？為什麼心情不好卻選擇不說出來？

♂ 男人不知道的女人心事

「總覺得自己是被當成例行公事用的發洩工具，沒有感受到被愛的感覺。」

「為什麼她從來不主動？或是老擺一副臭臉拒絕我？」

在我輔導的個案中，這是性愛關係中最常聽到的抱怨。有這些疑問的話，不妨來看看這段女性個案的心聲：

「老公平常什麼家事都不做，大事小事全推給我，忙裡忙外都快累死了，他卻表現出一副這些事跟他無關似的。每天早早就洗好澡等在床上，等到我終於搞定孩子跟家事，洗完澡要睡覺時，他又一臉豬哥樣硬是撲上來。我當然不想配合他啊！老是苦到我，爽到他！」

另外，還有人抱怨男性愛喝酒、衛生習慣不好、做愛時不顧女方感覺的，總之都是一些男人常常會忽略的事。

可見，想解決一方想做愛而另一方不想的問題，一定不能忽略雙方平日的溝通模式。因為會有問題，都不是出在「做愛」這件事上面。當兩人平常生活開心，彼此坦誠、無話不談時，在性愛方面的溝通自然也就不會有什麼大問題。反之，生活缺乏幸福感，兩人

有了距離，或是女方感到委屈，也許就會從「逃避做愛」開始。

　　只有當女方確實從平日的生活中，感受到男方對自己的疼愛與付出，明白男方並非只是為了生理需求，還有想增進兩人的親密關係以及心靈交流的因素才求愛，那麼便會敞開心房，享受男方提議的性愛，甚至還無條件配合男性。這道理不難，但徹底了解的男人卻不多！

♂ 她需要你深入了解、主動關懷

　　男性朋友們也要明白，男人與女人生理構造不同，你可以一時「性」起就想做，但她則是從大腦到心裡，都得感受到情意，才能夠沉浸在性愛裡。所以調情不該是從床上才開始，再匆忙你也得盡量用上半天的時間去準備。以夫妻來講，當你覺得今天想做愛時，就要開始做體貼老婆的事，例如主動分擔家事、幫老婆按摩身體、溫柔地為她倒杯水或切水果給她吃，或是看到老婆累時抱抱她，稱讚她幾句。當她一整天都覺得自己被寵愛，感覺到自己是被愛情包圍，而不只是個黃臉婆時，那麼不管她再忙再累，通常也都願意像擠牙膏般，硬擠出點時間讓兩個人能夠親密接觸。

女性會「拒絕做愛」的原因，有以下 10 種

1、生活壓力大或心裡有委屈，沒心情做愛

2、男方不夠細心、不懂得氣氛營造、前戲隨便

3、做愛方式一成不變，感受不到新鮮感，覺得膩了

4、長期缺乏情趣的滋潤，遺忘了愛情與性愛的美好

5、男方身材嚴重走樣，提不起勁

6、女方覺得做愛時某些動作不舒服，但男方卻不當一回事

7、生了小孩後，體內荷爾蒙改變，影響做愛慾望

8、身體不舒服，做愛時會有不適感

9、男方衛生習慣不好，令人難以忍受

10、沒有良好的做愛環境，怕吵到孩子或長輩

4
提升你的
「性愛品味」

性福導師說

♂ 平常就下足功夫經營情趣，就是最能夠吸引女性的英雄本色

♂ 展現才藝、營造浪漫的氣氛，就能得到愉悅性愛的門票

「大多數男人其實都沒什麼性愛品味。」

常聽女性個案這樣抱怨，所以有的男性在性愛方面也往往「重量不重質」。會造成這樣的問題，關鍵通常在於男性是否能放下心中的氣概，虛心學習。如果每一次做愛，都只是想著「自己有射精、有爽到就好」，那麼其實看A片打手槍可能更適合你。一個真正有決心想提升自己性愛格調的男人，必定是願意傾聽女人心聲，並且注重對方感受的人。

♂ 創造自己的英雄本色

「性愛品味」究竟是什麼呢？其實它綜合了人在性愛方面的喜好、作風與觀念，進而形塑出來的一種質感。在你的眼中也許感覺不出什麼，但在異性眼中你散發出來的品味可是非常明顯，這也往往成為異性腦海裡深刻的印象。

一個性愛品味高的男人，大多心思細膩，對做愛十分講究，通常也擅於鋪陳性愛的前奏曲。這前奏不是指開始做愛前的肢體愛

撫，而是在日常生活中就懂得如何創造美好氣氛以及營造出伴侶的好心情。像是對於另一半的香水、衣著打扮，願意細心留意，並且適時給予讚美，這就等於開闢了良好的氣氛。一旦想進一步親熱時，女伴往往都是十分陶醉且樂意的。

說穿了，能時時陶醉在情趣的世界裡，就是最能夠吸引女性的英雄本色。所以，在日常生活中有許多事情平時若能注重，就能加分，而並非在做愛當下才展現出來。這些事往往也是女性拿來評鑑男人性感指數的項目，絕對值得好好花功夫去加強。想要擁有這種特質，以下具體事項是男人們可以去注意的。

1 簡單清爽就是美好

邋遢、骯髒的外表在女人眼中絕對是個忌諱，男人一定要時時注重衛生與清潔。別以為一些小地方不會有人注意到，事實上從髮型、手指到衣服的整潔，都是女性在看男性時會注意的地方。

除了外表保持整齊乾淨之外，身上有無異味，也是女性很在意的事。建議男性朋友們平常夏天一定要養成自備乾淨內衣來替換，流汗回家要有立刻沖澡的習慣。約會時若有女性朋友，也要盡量避免走會讓自己流汗的行程。頭髮、腋下、背部和雙腳，都是身體較容易散發味道的部位，平時一定要維持透氣與乾爽！在正式或容易與女性近距離接觸的場合，也可以噴些淡香水，只要味道不要太濃，通常都可以給女性好印象。

2 情書＆下廚，是男人才藝的無限魅力

展現才藝是男人營造浪漫氣氛的最佳催化劑。像是在運動競賽

裡有所發揮、表現攝影、繪畫或其他藝術創作等作品給喜歡的人看，又或者是演奏樂器、演唱深情的歌曲、跳舞、魔術、說笑話等，女性普遍都會欣賞。如果真的沒有什麼突出的才藝，那麼寫寫情書或學學廚藝吧！

偶爾一句貼心或浪漫的話，都能讓女生心花怒放。只要有心，無論男女都能在廚房端出成功的料理。對許多女性來說，男人只要願意提筆書寫情書或者為女性下廚，魅力值就大大提升。尤其是在性愛前，若能親自料理一頓餐點給雙方吃，在女性眼中可是一件非常具有性愛品味的事唷！

♂ 在做愛之前與當下，你可以這麼做……

想做愛時，做些能夠彰顯自己性品味的事情其實不少，這雖然可能都是些小事，不過一旦綜合起來，在女性敏銳的感受下，往往也定義了你的格調。

1、懂得營造浪漫的氣氛

我們不妨試想一下，當你和伴侶準備來場愉悅的性愛時，現在有三個房間在你們眼前。第一個房間裡頭一片漆黑；第二個房間開著普通的日光燈；第三個房間則有某種柔和色系的燈光。這時大多數的女性，是不是都會選擇第三間房間呢？其實，就連男生大概也是選擇第三間居多。因此做愛這檔事，在能夠有選擇、可提升的情況下，一般人也都會想追求更好的體驗。既然如此，男人就不能讓女人認為你是個完全不講究或體認不出這些細微差異的人，否則女性便很容易把「這人沒什麼品味」、「這人頻率和我差太多」的標籤貼在你身上。到時，要在女人印象裡翻身就很難啦！

2、在五感的體驗上下功夫

人有五感，分別是視覺、聽覺、嗅覺、味覺和觸覺。在性愛裡，這些感官也都渴望被滿足，但偏偏有許多男人只懂得用手觸摸，把全部心力集中在觸覺上，實在相當可惜。在調情與愛撫時，可以多試試眼神交流、讚美言語，甚至在房間或身上灑些對方喜愛的香氛。觸碰女性時，也不要老急著摸胸部和下體，應該要有多一些的試探，像是牽起你平常忽略的雙手、撫摸頭髮和背部、親吻耳朵等，都很值得你去探索並觀察女方的反應。

讓她愛「上」你的最高指導原則

簡單來說，包括後戲在內，只要許多性愛環節都不馬虎，女性自然能夠感受到你私底下的性愛品味，還會覺得你是位高格調、不俗且有趣的男人，而不是杯喝來無味的白開水，自然就願意跟你長期相處下去。所以，若能讓她覺得你是個會帶來各種愉悅體驗的人，那麼她也會積極回報給你各種美好樂趣。英文有句諺語：Happy wife, Happy life! 這話說得相當中肯。記得，感情是雙向的，用心對待自己的伴侶，你的生活必定也會充滿幸福與美好！

5
男人就要
「內柔外剛」

　　相信男性朋友一定常聽到「新好男人」這個詞，在講求兩性平權的現代社會，好男人的定義總是不斷被拿出來討論，而答案往往也非常多，幾乎是一百個人就有一百種答案。有人說：「新好男人最少要會煮菜、帶小孩」；有人則是要求「三高」；還有人說：「凡事禮讓女性並且兼負幽默與浪漫」才是最重要的。

　　過去，就連胡適都曾開玩笑說過一套現代男人的「三從四得」，分別是：「太太出門要跟從、太太命令要服從、太太說錯要盲從；太太化妝要等得、太太生日要記得、太太打罵要忍得、太太花錢要捨得。」關於新好男人的定義，根本沒有一個統一的答案，甚至每過幾年，好男人的定義還會再度翻新。

　　就算我不是男人，也要替男人叫屈了！沒有人是天生完美或是精通所有才藝的，如果要男人們整天追逐著這些不斷翻新的「模板」來做人，那也實在太為難了。不過，雖然每個女生對好男人的期待與要求都不一樣，但既然是新好男人，一定是跟我們身處的這時代有關，是因應時代潮流與社會環境所定義出來的「優勢男人」。

　　相對地，「優勢男人」和我們印象裡的古早男子漢有著很大的反差。若把兩者拿來相較，再分析它們在性與愛世界裡的形塑，相信男性們就可以明白這時代的正港男子漢，究竟要靠些什麼來吸引女性了！

♂ 舊時代英雄好漢是盡責

以前的男人，必須出外打獵尋找食物來源，有外敵來時還得賣命打仗，就算社會轉趨安定了，保家衛國、辛勤農耕、出外賺錢養家，仍是天經地義的尋常事。也因為這種顯而易見的存在感，使得舊時代有了男女不平等的現象。在這種男人出賣勞力、在外冒險奮鬥，甚至連生命都可能沒有保障的情況下，性愛之於古代男子漢，常常淪為一種宣洩壓力或是傳宗接代的責任罷了。更別提在洩慾之時，還願意邊照顧另一半的情緒，研究性愛品質的好壞，甚至關心對方有無舒服的感受。

♂ 新時代好男人得要體貼

在古代越強悍、越勇猛的男人，往往可以得到女子的青睞。但此一時彼一時，在資訊時代裡，女性也可以有著各式各樣的謀生技能，只要肯努力、懂得把握機會，要賺進財富或是爬上高位都不是問題，而且男歡女愛時也不用像古代一樣背負著生存壓力。尤其在兩性平權、雙薪家庭普遍的環境下，懂得尊重女性、體貼女性、又保持著自身陽剛魅力的男人，反而最受女性歡迎。

♂ 她要的是「從裡到外」的安全感和愛

具體來說，要成為上述那種受歡迎的外剛內柔好男人，應該怎麼做呢？在戀愛和婚姻這條長路上，伴侶必須相處融洽、互相扶持，最重要的不是帥氣的外表或金字塔頂端的經濟能力，而在於凡事能為另一半著想，以及肯為愛情與家庭付出的心。也就是說，體貼和善解人意是必備的柔性特質，尊重女伴更是必須。當然，若還能夠

再兼具一些才藝、優點的話，那大概就是許多女性心中的好男人了。

不過，若只是這樣還是不夠！對女性來說，能給予她一份忠誠的愛，讓她不需擔心「會有被背叛的一天」；或是展現出自己對未來生活的全盤規劃，讓女性了解她對你的重要性，並營造出一個溫暖又充滿安全感的環境的話，這對女性來說，就是一種非常有陽剛味的男子漢作為！

總之，就是塑造出你內心柔和細膩、外在剛強可靠的反差感，接著再從以人為本，以愛為力量的觀念去和女性相處。善用這種剛柔並濟、為愛默默付出的魅力，就能令許多女性為之傾心。

♂ 超時尚男子漢的性愛修練

第 1 招：外硬心細

在床上對待女性，內心一定要柔軟、細膩，並謹記所有的前戲互動和結合動作，招招都必須灌輸情感。接著讓身體充分硬起來，如同一肩扛起男人的責任，好好讓她享受性愛帶來的愉悅。

第 2 招：堅定不二

女性的心思總是非常敏銳，唯有在平時就溫柔堅定地愛著對方，多發揮自己愛的表現，才能讓女性在做愛時沉浸在性與愛兼具的氛圍裡。

第 3 招：挺胸迎風

床上的動作雖該保持柔情，但仍應展現雄風，切記不可過於猥瑣、下流。時時挺起胸膛，把她摟在懷裡，讓對方覺得自己被濃情蜜意給填滿，並讓她產生小鳥依人的幸福感，這樣你就成功了。

讓你一直硬一直硬！

一般來說，男性勃起的硬度會隨著年齡升高而慢慢下滑。當男人有性慾，而且在情慾受到挑逗的情況下，性功能若未能有反應，便稱為「陽萎」。

就像人類的肌肉需要訓練與保健，以延緩老化的道理一樣，陰莖也要透過適當的保養與訓練，才不容易老化！這個章節裡，我們將提供給男性朋友們提高性功能的日常保健小祕方。

想一直硬就要：1 吃得健康

台灣是美食天堂，要抗拒美食的誘惑有時幾乎比登天還難，但美味的東西通常都與體脂肪相關，加上現代人久坐不常動的壞習慣，導致許多上班族體脂都超標。如果工作繁忙能動的機會已經很少，那麼建議多吃蔬菜與水果、瘦肉與低脂牛奶，並且定期檢查體脂肪，才不會讓動脈血管有硬化的機會，生理機能也才能一直保持健康。

想一直硬就要：2 少抽菸

抽菸容易導致血管不靈活，許多文獻研究發現，有些陽萎個案來自有菸癮的患者，而且吸菸容易降低精子品質。許多菸槍總說菸在他們的生活中可是扮演著知心的角色，無論飯後、開心、難過，

甚至做完愛都要來根菸舒心，感覺才像在過生活，但切記菸難戒，陽萎更難治療喔！

想一直硬就要： 3 多運動

如果你不喜歡運動，但在床上有時候使不上力時，不妨想想「運動可是為了讓做愛時有更多的體力」，來好好展現你的男人味。即便每天抽一些時間散步，讓血流速度增加並刺激更多一氧化氮，也是提振雄風的一種好方式。

想一直硬就得： 4 不要太晚睡

休息是為了走更長遠的路，睡眠則是為了幫助你恢復體力。睡眠不足別說注意力不集中或工作沒精神，就連性慾都很容易降低。切記！每日睡眠盡量別低於 5 小時，目標至少要 6 小時，理想睡眠應該在 7 至 8 小時才是最好的狀態。

想一直硬就要： 5 將工作留在辦公室

家裡是談情的地方，不是將公事轉移陣地回家另起辦公事之處。況且工作壓力大，最容易也最直接的影響就是情緒了，當情緒受干擾時，不僅心情會低落，甚至連性慾也會降低。建議回家盡量與伴侶相處，也把家當作是轉換心境的地方，透過回家的溫度，提升生活品質，也能提高性愛意願。

想一直硬就得： 6 保持親密

親密變少快樂自然也變少，愛的結構裡不僅有戀、性、情，還有包含愛自己身體的愉悅，兩人之間多多做些親密接觸，可是能提

升性激素呢！若伴侶不在身邊，也可以利用電愛或幻想來讓慾望達標。

想一直硬就要： 7 觀察自己的晨間勃起

晨間勃起可能隨著年紀增長而不如年輕時候來得好，但若觀察自己的生理反應，能在夜間或晨間勃起者，生理功能便是正常。若早晨未見晨勃也不必擔心，平時做愛時表現都正常就可以囉！不過若發生晨勃時反應正常，但做愛時卻反常，這百分之百可能是心理因素導致，需要盡快保養或就診找出原因。

想一直硬就要： 8 做凱格爾運動

男性下半部有一區肌肉很重要，指的是恥骨尾骨肌（Pubococcygeus muscle）簡稱ＰＣ肌，平時透過凱格爾（kegels）來訓練，就可以在家自學並控制性能力。不知道什麼是凱格爾運動嗎？可以上網搜尋關於ＰＣ肌解釋影片，或 google 一下凱格爾運動就會有相關影片可以學習。

想一直硬就要： 9 避免使用非法藥物

藥物是最快速的方式，不過坊間許多非醫療機構販售的性功能相關保健食品，有時反而會讓身體出現反效果。譬如：早發性射精尋求皮膚表層外用麻藥，或陽萎吃一些得來不明的龜鹿藥丸。不吃傷心，但吃了傷身，若真的必要，建議先到泌尿科就診。

想一直硬就要： 10 保持積極做愛頻率

「做愛」就是最好的日常保養更是消耗卡路里最好的運動。

Man 男人

內心

1
男人的
性愛日常

┌─ 性福導師說 ────────────────────┐

♂ 性的表現如同人的個性，既赤裸又真實

♂ 誠實面對自身缺點，就是培養性魅力的開始

└────────────────────────────┘

　　一個人的個性所展現出來的特徵，可以延伸到日常生活裡，而且會時時流露出一些蛛絲馬跡。換句話說，分析你生活上的行事作風、床上的性愛表現、家庭關係、臉書資訊、社會人際關係等，便可大略能推敲出「你是怎樣的一個人」。同樣的，若專從性愛之事著手，研究一個男人的性愛觀念、性喜好、做愛方式、深層慾望等細節，也可以分析出一個男人的潛在性格。雖然這些性愛表現未必都和本人的真實性格完全劃上等號，但往往有一定的參考價值。因為性是人類最私密、最深層的內心慾望，藏在這裡頭的東西，總是最赤裸又真實。

♂ 從性愛來觀察另一半最原始的性格

　　「性」與人的性格關係不僅錯綜複雜地交織著，兩者之間更有著相互滲透與影響的微妙連結。雖然隨著年齡的增長，外顯性格會因為環境規範、生活教育等各種因素而壓抑或隱藏起來。不過到了床上，便又會時不時地偷偷顯露出來。

性愛是最親密的行為，在兩人都有感情基礎的狀況下，伴侶間若能透過這種觀察來了解對方的真實個性或祕密，其實也有助於彼此的認識與長期相處，同時也有助於日常的溝通。

♂ 【性與性格】觀察你是何種男人？

接著就來看看，在床上呈現出各種樣貌的男人，分別有著怎樣的潛在個性！男性朋友們，你又是哪一種？

1 過度執著於性能力的男人

許多性功能有困擾或身體其他部位有憂慮的男人，總是認為性功能強就等於所有能力都強，把床上表現當成了證明自己能力的事。這其實是一種「內心脆弱」的投射現象，也是非常錯誤的觀念。性愛是很獨特的事，不同的人做起來有不同的感覺，硬要去比較只會令女伴困擾或反感。要是一個男人無法給女人一個理想中的愛情或家庭環境，就算性愛表現再怎麼勇猛，也會被現實生活給壓垮。性雖在我們的生活裡佔有一定比重，但卻不是生活的全部。女人要的不只是一點小浪漫或片刻的溫存，而是一位能堅定扛起每句承諾的男人。

2 性愛時喜歡支配對方的男人

相信大家一定聽聞過一些外表斯文有禮，卻有著特別性愛好的男性，好比電影《格雷的五十道陰影》的男主角一樣。這樣的特點大多是來自於成長家庭的支配或是背負過多傳統壓力所造成的。由於平日習慣壓抑，到了床上時才獲得短暫的解放，因此總喜歡按照

自己意思來做愛，辦事時渾身充滿著控制欲、完全不想妥協。其實喜歡支配型性愛並沒有什麼不好，有許多女性平常對於性愛沒什麼想法，也喜歡男性強勢一點，更喜歡這種反差感。只要能注意安全，彼此溝通良好，能夠找到這種性愛特質互補的另一半，也是美事一樁。

③ 學識地位高但性愛情趣低的男人

有些男性擁有極好的社經地位，也擁有不錯的學歷，但對於愛情或性愛卻是一竅不通或者不懂情趣，常令另一半失望而不自知。這樣的人在日常生活裡通常較為自信，甚至有點「活在自己世界裡」，不易接受別人的想法，也不喜歡改變自己。這種人總是還沒開始戀愛，就一股惱地先定義出戀愛這回事，或是要伴侶聽從他所認知的各種觀念來生活。儘管有著不錯的經濟能力和擇偶條件，但當女性發現他的真實面貌時，往往會選擇轉身離去。畢竟長期的兩性關係，還是必須透過浪漫、感性的事來做調和。若平日相處時無法溝通又不願意下功夫，更何況是性愛時。

④ 做愛時喜歡武裝自己、沒自信的男人

就像越小氣的人在許多時候都想要強調自己很大方一樣，不少男性會因為在意自己的外表或身上某些缺點，轉由在性愛上找到發洩出口，想要藉此來彌補自己。像是身體敏感的人總喜歡拖長做愛時間、身材矮小的人喜歡擁有視覺制高點的體位等。其實這些行為女性都感覺得到，建議這類男人不要太在意這些事，只要真心愛著女方且對她好，在女性心中，你就是一個好伴侶。

5 做愛時善解人意的男人

如果一個男生在做愛的過程裡，總是非常體貼另一半，那麼他很可能在成長過程中，經歷的環境與教育都是必須「時時替他人著想，注重群體溝通才能生活下去」的人。反之，若在做愛過程中總是我行我素，不反省也不願意溝通，或者完事後倒頭就睡，那便是個自我意識過強、不在乎別人感受的男人。如果你是像前者，那恭喜你！這種貼心又溫柔的作風，就是許多女性理想中會想要共度一生的伴侶特質。男人們也要引以為戒，別成為像後者這樣的男人。

培養性愛魅力，就從內心氣質做起

人的性格與魅力都是可以培養的，想要成為女人心中的理想對象，就應該從日常生活中的小事做起。了解自己後，誠實地面對，多改進自身不好的缺點，注重溝通、虛心傾聽他人意見，學習換位思考並時時充實自我。只要有心，相信人人都可以成為自信且善解人意的暖男。

2

射完後，
得到漫天的空虛與落寞

性福導師說

♂ 如同找缺乏情感基礎的「砲友」做完愛，通常有很大的落寞感

♂ 性愛的本質是傳達愛意，是來自心底的滿足

　　男人天生就與女人不同，「性＝男人的天性」幾乎是刻板印象，但是男人真的只追求插入和射精嗎？相信大家都知道射精是確認男生高潮的主要定義，但是男性朋友們，你們可曾感受過射精後接著而來的莫名空虛感？

　　所謂的高潮，是一種身體牽動大腦的反應。有沒有發現這句話的重點？就是「高潮的訊號來自於你的大腦！」記住，過程是身體牽動大腦然後再反應給身體，這就是高潮的真相。換句話說，高潮並非源自於內心，也跟你的心靈世界沒有絕對關聯，甚至我們平常想像的還要多元一些。在實際醫學案例中，有許多半身不遂的病人透過愛撫，也能因為滿足了其他身體敏感點而達到高潮。所以並非只有摩擦陰莖到射精，或者有潮吹才能夠達到。

♂ 肉體歡愉後的心靈副作用

　　多數男生從做愛開始，腦中就常只有一個目標：射精。然而女生進入性愛卻像是進到一個美麗的花園一樣，喜歡邊走邊瞧；從

散步的過程中，慢慢去欣賞各種美麗的景象。這或許是男女間天生的不同，也或者可以解讀為男性偏重身體上的滿足，這與女性偏重心靈上的滿足有著大大的差別。很多男生往往開始做愛就不顧一切地拼命往前衝，想將感覺一次爆發出來，但卻也常在結束之後覺得「明明都已經高潮了，但似乎又缺少些什麼……」在解決空虛感這難題之前，我們得先了解哪些狀況最容易伴隨在高潮之後……帶來失落，其原因又是為何？

♂ 這些事最易在高潮之後帶來空虛感：

1、一夜情

很多有過一夜情經驗的人都曾坦承，一夜情後常常會伴隨著無盡的悵然與失落。這是當然的，畢竟一夜情少了精神上的依靠和寄託。但是，如果真的投入了許多感情，而女方竟也瀟灑離開，不把它當一回事，到時感到受傷的當然是自己。能成為情感收放自如的高手不多，所以能夠在一夜情裡尋找到心靈滿足的人也就少之又少。反而，因為空虛而發生了一夜情，又因為一夜情而再度感到空虛，就會形成了一種惡性循環。

2、和另一半之間缺少了愛

同床異夢的伴侶做愛，那感覺好似雞肋一樣，食之無味、棄之可惜。由於少了愛情為基底，性愛成了滿足身體需求的公事，導致心靈上永遠無法滿足。如果不願正視情感流失的問題，並好好解決，只是將肉體的歡愉，當作是雙方唯一的交流，這種空虛也是極難排遣的。因為你們誤以為做愛就能滿足內心，結果卻往往相反。就如同專門找「砲友」辦事的人一樣，缺乏情感做基礎的性愛，在辦完

事後，心靈上依舊殘缺，落寞感更大。

3、過度追求身體的慾望

有些人常常懷抱「做愛就是純粹解決身體慾望」的觀念，然後過於頻繁地做愛，久了就容易忽略掉心靈交流的重要性。從做愛中得到的真正愉悅，是來自內心和身體之間的共同滿足，而非單單解決生理慾望。好好地藉由做愛這檔事，傳達對伴侶的濃情蜜意，利用性愛讓兩顆心徹底交流，多以服務對方和增進感情為目標，才是避免產生空虛感的正確觀念。

4、打手槍

有許多男性個案曾經跟我反應：「有時打完手槍，常感到一股強烈的空虛……」這是因為自慰大多是在寂寞下會有的行為，無法代替真正的性愛，所以在冷靜過後馬上會感覺到失落，很正常。不過，雖然它無法解決心靈深處的渴求，但至少能滿足身體一時的慾望。只要不過量，自慰仍是一件好事，都應該正面看待。在沒有伴侶的情況下，如果不適時自我宣洩，也很容易悶出病來。通常，自慰過後往往能澄清思緒，這時不應該往壞處想，反倒可以利用這片刻的平靜，專心做些其他事情。畢竟人生還有許多事需要努力，不是只有性與愛而已。

♂ 愛真正的快樂，是來自心底的滿足

其實兩個真心喜歡的人發生了性關係，是很單純、快樂的。這是因為心靈有所依託，感到幸福的關係。但在性意識逐漸轉型的社會裡，因為各種慾望多了，原始的心靈交流反而逐漸被忽略。有時在做愛完後，明明肉體滿足了，卻仍有一種渴望愛、無法得到愛的

去檢視別人。反而應該多審視自己、多要求自己一些。遇到摩擦時，亦是考驗修養的時候，多學習主動退讓，運用耐心，平心靜氣與對方溝通來解決問題。如此一來，就算有天你們還是分手了，你也會因此而成長許多，變成一個更好的男人。在遇見下一段感情時，或許你就會發現比起以往，你已蛻變得更有魅力！

4
別問
「妳濕了沒？」

♂ 做愛時不得要領時就問她吧！別胡亂揉捏

♂ 親密接觸前，衛生最重要

　　性福是需要經營的，從生活中的相處、一次次的性愛體驗，都是在提升彼此的溫度。想經營一段美好的愛情或經歷一段滿意的性愛關係，總是需要花上許久時間琢磨，但這也往往是摧毀彼此的愛的關鍵。例如一個無心的失誤、小小的爭吵，就足以讓親密關係冷卻，我遇過真的因為重大事件導致相處上有了大摩擦，進而讓親密關係急速降溫的個案，其實很少。所以日常生活中的調情、互動，一定要妥善應對，別因小事的累積而影響兩人的關係。

　　男人們，你們有沒有過在調情或辦事的時候，自己凍結了氣氛而不自知呢？女人是很注重感覺的，要是氣氛不對了，冷掉了，做愛的 FU 可是會瞬間消失的。來看看以下列舉的ＮＧ大全，記下來時時提醒自己，就不怕搞砸氣氛。

ＮＧ ① 肆無忌憚地嫌棄另一半外貌或身材

　　無論交往多久、結婚多少年，都不應該隨意批評對方的外貌和

身材。如果真要提，可以試著用讚美的話語來取代，像是：「如果腰再瘦一點點，穿起這件衣服會更好看！」、「妳要好好保持身材，不要過胖造成負擔，保持最佳體態，我們才能一起牽手到老喔！」這些都是較能令女生接受的說法。

NG ② 因為覺得熟了就忽略溝通與尊重

有時兩人在一起久了，會認為對方和自己都是一家人，「應該」什麼都能說、什麼都能做，而忽略了本來該有的溝通與尊重。甚至把對方長期以來的付出，漸漸地視為理所當然，更是不應該。請記得，無論在一起多久，當另一半為你做事時，都要心懷感激。例如當她做完家事時看著她說聲：「謝謝妳！」這將使她覺得自己始終被重視、被在乎，之後也會以好的態度回報你也說不定。此外，遇到問題時多多傾聽對方想法，也是維繫愛情的不二法門。

NG ③ 做愛時老說：「妳怎麼還沒濕？」

在床上溫存時最令女性受不了的一句話，除了問「高潮了沒？」之外，莫過於這句：「妳怎麼還沒濕？」這真是句真是讓氣氛瞬間凍結的關鍵啊！還沒濕就表示還沒被搔到癢處，要是能夠濕誰不想濕？雖然說調情、愛撫時，女性自己也要全心投入。但成效如何，大部分還是掌握在男人的性愛觀念和技巧上。建議男人們，做愛時發現女方私處不夠濕潤時，應發揮耐心繼續努力。除了接吻外，試試用甜言蜜語或其他情趣用品輔助也可以。

NG④ 甜蜜調情的時候忽然談起正經事，或接手機

做愛時忽然講起正經事，或接手機，實在是教人不知所措又煞風景！你是要女生不甩人繼續專注在肉體的享受上呢？還是恢復理性來陪你討論正經事？也許男人在進行活塞運動時還可以一心二用，但女性可是沒辦法。好不容易濕了，也進入狀況了，忽然又分心去配合你的正經話題，或等你講完電話，導致感受力降低，身體也就沒那麼敏感了。所以奉勸男人們，既然確定要甜蜜一番，除非真的十萬火急，否則不要忽然讓正事來打擾！

NG⑤ 一頭熱亂親亂摸，不得要領又不問

有些男人在言語調情時本來還好好的，但卻在準備做愛進入愛撫階段時，就開始胡亂揉捏或猛種草莓，動作極為粗魯，這往往也令女性倒盡胃口。大部分女性都喜歡被溫柔地對待，如果你想要知道該怎麼愛撫女方才會有感覺，不如就直接開口問吧！畢竟每個人敏感帶都不同，做愛本來就是藉由不斷試探、溝通、協調而進行的互動行為，在身體還沒有那麼有默契前，就儘管輕聲詢問對方即可。

NG⑥ 在女方需要誇獎時反而潑冷水

當女伴某天忽然做了頓豐盛料理，或是穿了件性感睡衣問你喜不喜歡時，可千萬別回這些：「幹嘛吃那麼好，又不是什麼特別日子！」、「煮那麼豐盛，很浪費耶！」、「怎麼穿這樣？這不適合妳啦！」其實，女伴精心準備這些就代表她很重視兩人的相處，就算不是什麼性暗示，男人們不妨也把這當成一個絕佳的調情開關。

建議可以這麼順勢誇獎：「妳廚藝真是越來越厲害了！」、「偶爾享受一下豐盛料理，感覺真棒。」、「妳今晚好像有點不一樣，有點性感！」只要這麼說，繼續維持好氣氛，夜晚上床時，你就會發現她今晚表現得特別好也不一定。

NG ⑦ 做愛總愛學A片裡的情節

男人看A片很正常，但動不動就把A片情節搬上來用，除非兩人很有默契，不然女生也是很受不了的。一來是A片有許多內容都是刻意營造的效果，女生實際上並不喜歡。二來，有許多事是很難辦到的，若硬要女方配合，女生除了感到為難之外，還可能會認為你只是把她當成洩慾的工具，更別提要好好享受性愛的樂趣了。

NG ⑧ 明知道會有親密接觸卻不注重衛生

最會搞砸氣氛的，可以說就是這個了，無論男女都一樣煞風景！只要和伴侶在一起，無論是約會或是閒暇相處時，一定要時時保持衛生與清爽。從外頭回來，如果有流汗，就該馬上去沖澡。起床、睡前、吃完餐點時，能刷牙就該刷牙。為了讓伴侶舒服也為了自己的健康，陰莖等私密處也應該常保清潔。這些其實都算是基本的生活禮儀，不要因為在一起久了就不注重這些，別等伴侶真的對你反感，甚至厭惡到不想做愛了，才在後悔喔！

5
男人床上的
10 道陰影

性福導師說

♂ 別把高潮當成業績在經營

♂ 做愛時偶爾試著不射精，讓彼此的心更靠近

在我執業以來，聽了很多男人的心聲，也不斷探討性溝通的議題。多數男性個案都以為「性生活會減少多是她沒性慾或是無性激情」所致，殊不知會慢慢毀了性愛的和諧關係其實是「雙方」導致的。以下是男性朋友們心底最常有的疑惑和陰影，解決這些問題，雙方的性慾自然會來敲門。

陰影 1 「妳到底高潮了沒？」

多數男人把性高潮當成業績在經營，每次做愛一定要達標才算到達目的，這其實是帶給性生活最大的壓力之一。性愛並非每次都要轟轟烈烈，我常說：如果做愛只是為了想達到性高潮，那麼男人只需要十隻手指頭就好，女人也只需要情趣用品就可以，建議男人們偶爾可以試著做愛時不射精，只為讓彼此的心更靠近，享受親密不為性，體驗性高潮之外的肌膚之親。

陰影 2 在床上，她像一動也不動的死魚

死魚一樣的性伴侶男人最懂，但這絕對不是女人想要的結果。

過去的社會觀念把性看成一種道德規範，導致許多女人在男人面前放不開，擔心自己在床上身體擺動一多可能成了ＡＶ女優，嬌嗔的聲音一多就又成了淫蕩女王，所以女人很難在性上面表現得平衡。想讓你的女人動起來，建議由你來用心引導，教教她們怎麼扭腰擺臀或多多誇讚她的技巧是男人最大的責任，才不會讓她的保守掃了你的性慾。

陰影 3 前戲過長

多數男人不喜歡過長的前戲，這是因為擔心自己勃起消退後很難再硬起來，或是性興奮太強烈會射得快，但有時候可能也因為抓不到女人的敏感帶所致，只好用自以為的普遍認知，一直刺激女人的胸部和陰部。其實想要讓女人性興奮，接吻、溫柔的親吻背部也是很快進入狀況的絕招。建議男人可以在做愛過程中增加這兩項前戲戲份，激起一波波未完待續的性愛。當女人綿延不絕的感受到你身體和心裡的溫度，她也會熱情地回應你的溫柔。

陰影 4 摸不透女人哪個點最舒服

愛撫是為了期待與另一半共享肌膚歡愉，進而與提升性慾。若只想憑著自己的感覺來摸透對方的感受，那可太自以為是了！建議可以互相找尋彼此身體愉悅、舒服的身體地圖，多多探索、溝通。因為情感和性愛都是需要通過分享來了解的，絕非瞎猜、瞎想就能一舉登天，所以別讓愛撫成了調情時無形的親密犧牲品。

陰影 5 得不到女人的肯定

有很多男人經常會問：「妳今天高潮了嗎？」來自我肯定。要

是她說「沒有」那可是會傷了男人的自尊心，所以一些女人為了省事會直接回答：「有啊！」但仍有一些男人會自我懷疑，但也不敢再問下去。其實想得到美好、滿意的肯定，一定要學會性溝通，在生活中可藉由散步等放鬆身心的方式和對方聊聊上次性愛過程中的感受，女人也可能無意間感到靦腆且慾望高漲呢！先學會說說她的好，再來問問自己還有哪些地方可以更進步，才能得到真正的肯定。

陰影 6 一成不變的例行「性」公事

為何男人會慢慢的降低與女人的性愛次數，可看著Ａ片ＤＩＹ也不願做愛了呢？因為太多人把工作帶回家裡做，當男人忙著工作女人忙著小孩，「性愛力」自然低下。當做愛成了像開會一樣的例行性公事，長久之後可能會導致雙方性慾低下，並在不知不覺中破壞了親密關係。建議找出更多彼此在性生活上的共識，避免性愛的美好成了一成不變的苦差事。

陰影 7 早發性射精

其實臨床上的統計，國內男人平均約有 20 至 30％在床上有早洩困擾。男人有時想要更持久來滿足對方，卻反而產生心因性的焦慮，總是想著為對方好，但卻無法為對方更體貼。早洩有可能是生理的問題，也可能是心理的影響。若男人心裡總想著自己有這方面的困擾，恐怕會導致沒有自信、性慾低下，進而逃避床上的親密行為。建議可以多變換姿勢來改善，或者把在陰道裡活塞的速度調慢，先學會基本的射精控制，這些都是小技巧！

陰影 8 不做愛又不准我看Ａ片

Ａ片的女人有臉蛋、有身材，敢搖又敢叫，所有性感都在螢幕中，要男人想戒Ａ片恐怕比戒菸還困難。所有女人在床上都希望自己在另一半面前得體、優秀、保守，其實這都是男人引導不佳，導致女人吃ＡＶ女優的醋，而且這也是男性沒有提供女性安全感的象徵。建議男人不妨試著牽她的手，分享你喜歡的片子讓她更了解你，或者也嘗試了解她想看的是什麼，多面向的親密溝通，可以常保彼此的性生活更多元喲！

陰影 9 她性致缺缺

「要是我嘗過甜頭，我一定還想嘗！」誰說女人不需要性？所有人都明白性是一件銷魂的事，女人們辛苦的賺錢不斷的買衣服不是嫌棄衣櫃空，而是期待自己能更美麗，但卻沒有勇氣開口說我想做愛，才讓男人認真以為她性致缺缺。建議男人可以藉由輕輕的調情或肌膚的溫柔觸摸、愛撫，挑起女人情慾的開端。記得要保持親密關係的平衡，才不會被拒絕喔！

陰影 10 認為汽車旅館浪費錢？

當我隨機調閱 50 位男性個案的性史評估表，竟發現有一半以上的已婚男人，他們最美好的性經驗通常都在「結婚前」。我能了解，婚後其實有很多環境上的阻礙，導致雙方無法盡興地享受性愛，不過汽車旅館也不是只為了完成性這件事，能讓兩個人輕鬆自在的相處，更是它的功效。當女人可以盡情的發出呻吟聲，結束了也不用擔心誰來整理環境，還有提升情趣的影片，這麼有情調的地方怎能不多利用！

「不讓你射！」的練習

過去，早洩以藥物及手術來改善，後來才慢慢在精神領域中受到定義：壓力及焦慮都可能讓早洩情況發生。目前，早洩以藥物治療為居多，有口服和局部麻醉的二種選擇；手術以背神經阻斷術來改善。不過，無論藥物或手術治療，目的都同樣是降低陰莖敏感度。

相性導師的「性福自助訓練法」和上述不同，在於以性親密為主，生理訓練為輔，藉由指派家庭作業的方向來討論「自己」，將自己整理好後，再以邁向「彼此」為主軸，針對「做愛並非做完，而是做好」為方向。因此，作業細膩度必需看成果。作業分別為回家作業及家庭作業，回家作業屬個人，家庭作業屬彼此，以利雙方契合度增加完成訓練課實踐。

兩性親密的作業通常為量身訂制，需經由評估後給予訓練規則。生理方面作業較為基礎，且男性早洩盛行率為高，改善並不難，將平常自慰手法改變，就能即能看到效果。

♂ 性功能保健應由日常生活做起

早洩個人作業九個小叮嚀：

1、一連串的活化運動，增進活血、勃起速度增快及強化硬度等，達到漸近式改善。

2、由於手不會分泌滋潤液，訓練需使用潤滑油。

3、一整套紮實訓練，一週至少3至4次，每次需15至20分鐘左右。

4、經過一天天的練習，會慢慢了解自己想射精的滿水位，在滿水前停止所有動作。

5、抓到滿水位的感覺後，即可利用骨盆底肌肉控制射精感，類似凱格爾運動收縮。

6、練習過程必定想射精，需有意識提醒自己以控制為原則，一週射精僅能兩次以下。

7、剛開始練習不建議加入情慾，可透過大腦幻想性氛圍。

8、訓練過程辛苦，需有意志力。

9、練習中，若感不適，務必與性福導師諮詢。

【訓練一】

1、甩動活化法

2・揉捏充血法

3・S轉龜頭減敏法

4・龜頭拍手脫敏法

【訓練二】

1、三順三逆旋轉法

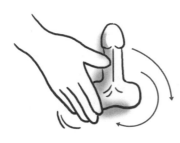

2、四方位順拉法

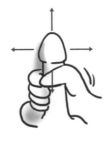

3、陰莖溫搓法

4、雙握上下律動法

Inside 男女心理

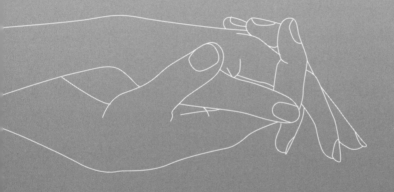

1
生活很重要，
那性生活呢？

性福導師說

♡ 「懶得溝通」比無性生活更具破壞力
♡ 「多久一次？」不是評斷性生活的標準

「生活」兩個字在我們都了解的解釋上，就是物質生活和精神生活的總稱。物質生活指的是人生活上的基本需求；精神生活則是人們得到了物質生活後，所追求的精神寄託。我們在不同歲月中所追求的生活價值，也都不盡相同。「性」，則是生活的一小部分，是由愛情、性關係等建立的雙向循環，兩個人於此產生情感交流與身體、心理的互動形成的親密關係生態鏈，就是我們常說的性生活。

♥ 親密關係生態鏈＝性生活

性生活是夫妻之間最重要的生態組成，「性」更是性生活中最重要的核心。在性生活中存在著相當豐富的心理、生理活動，是一個以愛為基礎，並透過雙方平時密切的連結而建立起來的事情。良好的性生活型態經營包含了彼此的價值觀、性心理、性溝通、親密行為、共同話題等，這些內容遠比純粹性愛關係的意義還要更深遠。

很多人可能會好奇地問：「性愛重要嗎？兩個人之間一定要有性嗎？性有比愛還重要嗎？」

我們沒辦法用統一的答案來套用在每個不同性格、不同對象的人身上。因為兩個人的相處過程中，透過溝通、性愛、聊天等行為建立起來的情感歷程，都是獨一無二的。

如果你問我，什麼是性生活？我想我的答案會是這樣：「親密關係中，彼此雙向的情感所形成的互動，就是性生活。」

「性」是和伴侶共同生活中的一個重要環節，血緣關係上的親人和我們雖然也相當密切，但不可能和我們有性的接觸，否則就成了「亂倫」。至於沒有血緣關連卻又親密到難以分開的關係，就只有「伴侶」或「夫妻」了，這是層特別且非常珍貴又難得的關係，值得我們好好珍惜。夫妻之間除了有名分，也有專屬的私生活，有情慾就有性慾，性愛是雙方心靈的交合，透過身體的接觸產生踏實的親密感，這份互動同時也是維繫彼此情感的重要關鍵。

♥ 「無性夫妻」也能長久相處？

若兩人的感情真的很好、有共同愛好和興趣，同時在「無性」這方面也有共識，那或許就不會有問題。但在大多數情況下，只要有一方的某些需求不能被滿足，或是有無法講出來的心底話，就會產生「無形的距離」進而發生問題。

無性婚姻的議題很多，綜合許多案例來看，通常無性婚姻又能保持美滿的話，一定要用其他事物來維繫。例如孩子的事、共通的興趣與價值觀、共同的工作事業、奮鬥目標等。總之，無性夫妻要能圓滿維持下去，一定有另一樣緊密的連結。否則兩人之間一定會產生：「我就是想這樣做嘛！」「我就是有性慾啊！」諸如此類的不被滿足的需求。另外，如果伴侶之間有無法說出來的話，放著不

管，久了就會變成「懶得溝通」，這種現象也會嚴重影響兩人的感情。有時候，「懶得溝通」甚至比性生活的問題還要更具破壞力，卻往往被大家忽略，不能不注意。

最後必須告訴大家一個觀念，性生活不是簡單用一個月幾次、多久一次等頻率字眼來評斷。性生活的真諦在於「從心底滿足雙方的需求」，因此如果有一方突然沒了性趣，我們便要留意是心理還是生理層面哪裡出了問題？男人的話，是不是身體出現了什麼症狀？還是工作關係身心太疲累？或是感情哪裡出了變化？女人的話，是因為帶小孩太累了？或是哪裡受了委屈？或是性交時出現疼痛的症狀？總之，有問題時，無論是為了婚姻或是自身健康，都必須去找出問題所在。雙方坦白溝通，一起面對問題，互相鼓勵，並且提早就醫而不是荒廢不管，這才是維持婚姻與感情的正確觀念。

2
好色，
是愛情最好的保溫劑

性福導師說

♡ 保持好色，才能讓情趣滿屋
♡ 好色絕招：甜言蜜語＋浪漫環抱＋輕聞耳後

　　人人都嚮往情愛，而性愛是感情的調合劑，也是生活的一部分。當然，感情的維繫並不能只建立在做愛上面，當彼此有了感情與信任的基礎後，保持好色，就是維繫情感最好的保溫與加溫劑。特別是已經在一起多年的情侶，或是結婚多年的夫妻，就算生活再平淡且日復一日，更別忘記要時常保持好色的態度，才能讓彼此之間多一點甜蜜浪漫，也多一點情趣，面對未來漫長的歲月裡，也才能保有親密不息的感情。

♥ Keep kiss，Keep Love！

　　每個人對於好色和親密行為的表現方式都不同，而「吻」正是親密關係最好的養分。接吻是件美好的事，淺吻是性誘惑的啟動關鍵，深吻則是喚醒激情的開關。藉由接吻，不僅能告訴對方自己的性慾，還是個傳達情感的好方法。

　　吻的方式有很多種，像是各自出門前在臉頰上的一吻，激情的法式熱吻，或是在另一半睡著時給予守護的一吻等，都是表達情感及維繫熱情的重要動作。

可惜的是，有不少伴侶在一起久了，接吻狀況有了變化。有些人幾乎只將接吻當成做愛的前置作業，這種想法讓接吻變得太有目的性，失去接吻的本意。因為當彼此感受到「接吻＝做愛」時，接吻該有幸福感也會逐漸消失。所以千萬別只在做愛前才開始接吻，試著把接吻當作兩人生活中的甜點或零食，讓甜蜜的吻充斥在你們的愛情裡！

　　另外除了接吻，在平常的兩人生活裡，還有許多甜蜜的調情小事可以做，把這些事學起來，也可以將一成不變的平淡日子升級成浪漫滿滿的生活！

1　常講甜言蜜語

　　甜言蜜語並不是什麼得絞盡腦汁、心思才能擠出來的文藝句子，而是發自內心的告白與想法。試著把自己平常想跟對方說的話，好好地說出來，哪怕只是簡單的讚美、普通的感謝，只要是任何能表達愛意與思念的話，將它大方且誠實地講出來，聽的人都會覺得幸福又甜蜜。

2　浪漫的背後環抱

　　背後環抱和正面的擁抱不太一樣，它可以表達喜歡、感謝、捨不得分開等意思。被抱的人會有一種幸福感，而抱的人也有類似撒嬌的感覺。沒錯，就像在偶像劇裡常看到的，當伴侶在曬衣服、煮菜、洗碗、或是準備出門工作時，不妨從後面給他一個擁抱，說聲：「辛苦了，謝謝你！」「路上小心，工作加油！」「我會想你。」等等的話，相信一定會讓聽的人倍感窩心。

3 輕聞對方的耳後與脖子

耳朵周遭與脖子是許多人共通的性感帶，不需親吻或撫摸，有時只是輕輕接觸到，或是感受到對方的鼻息，心裡就會有種被挑逗到的感覺，也有一絲觸電般的甜蜜感。平常在家裡洗完澡躺在沙發或床上時，可以藉由此種方式展開一連串的親密互動唷！

4 十指交扣的牽手

和戀人十指交扣，就好像彼此的心也緊緊依靠著一樣。和一般牽手比起來，這種十指交扣的方式更多了一份牢固、安全、守護對方的感覺。平常逛街時，不妨多使用這種牽手方式互動吧！它除了是宣告彼此的依戀關係之外，萬一遇上人潮也不怕被人群給沖散。

5 隨時隨地親吻

親吻可以讓人感受到快樂與幸福，也可以傳達自己的愛意給對方。除此之外，親吻也帶有撒嬌、思念、請對方放心、想和你親熱等意思。在戶外活動時，若遇上美景或是有什麼浪漫的場合，這時就非常適合給身邊愛侶一個深情的吻。平常早上出門或是晚間休息時，也都是親吻的好時機。至於特殊節日或伴侶生日時，更不用說，除了精心準備的禮物之外，也請記得獻上自己的吻喔！

6 多多讚美對方

無論男女，人都有渴望被認同的心理，而讚美就是最好的認同。被讚美的一方除了會感受到愛意之外，藉由讚美還可以得到自信，如果有缺點也可以透過讚美的方式來鼓勵對方改進。因此多多讚美身邊伴侶，讓彼此的心情時時保持愉悅，當你更重視對方，生活也就會更融洽。

7 時時深情擁抱

擁抱可以紓解壓力、緩和情緒、降低血壓，好處非常多。情侶間透過擁抱可以增加親密感，還可以傳遞許多訊息、進行許多甜蜜、親密的事。例如擁抱時和對方傾訴心中的想法，或是藉由擁抱展開愛撫的小動作，像是撫摸臉頰、摟腰、親吻、聞聞頭髮，都是很有調情意味的互動。

8 撫摸對方

愛人之間互相撫摸是絕對少不了的，除了性愛前的愛撫之外，一般的身體觸碰也是增進彼此親密關係的重要事情。像是前面提過的，時常摸摸伴侶的頭髮、手、腰或是臀部，都是增加彼此情感和生活情趣的好事。

9 深情凝視

有時，不妨多多凝視自己的伴侶，邊注視著他，邊想著他對你的好、為你做過的一切。久了，你會發現，雖然歲月慢慢改變彼此的容顏，但你依舊深愛著對方。

10 不吝嗇地說出我愛你

「我愛你」這句話不一定要天天講，但一定要找機會適當地表達出來。平常在傾訴自己的愛意時，也不一定只限說這三個字。你可以換句話說，例如：「親愛的～我只想跟著你一起慢慢變老。」「無論你在哪裡，我的心都和你在一起。」「如果我能早點認識你就好了，這樣我就能愛你更久。」等。除此之外，不用等過節，平時就把想說的話寫在卡片上，若再配合個小禮物，也是確切告訴對方你依舊深愛著他的好方法喔！

3
【性愛五感】的視覺
盯著看就能勃起

性福導師說

♡ 男人天生就有做愛的能力
♡ 女人要件戰袍；男人要能好色

視覺是人類接收世界各項訊息的最直接感官，人觀察一個人的樣子，最先倚賴的也是視覺。賓州大學安娜蘿絲奇卓斯博士曾經做過一個觀察兩性大腦對性反應的研究，研究結果發現男性與女性的大腦對性的反應不大相同：男性大腦反應普遍都比女性來得強烈許多。

為了拆解情慾反應的奧妙，研究者請男性躺在核磁共振儀裡看著普通的照片，並在當中穿插、一閃而過幾張女性的性感照片，結果發現實驗者大腦會隨著性感照的出現，產生瞬間的性反應。首先反應的是大腦底部的杏仁體，接著腦部會釋放多巴胺，當性感照片越多，大腦便會釋放越多的多巴胺，之後內側額葉皮質會有所行動，於是男性就會出現勃起的反應。綜合以上流程來看，此舉就像是一種原始的身體慾望。

♥ 上帝讓男人天生有做愛能力

簡單來說，年輕男性只要透過眼睛、看到性感照片，大腦就

會自動延伸幻想，甚至出現和照片裡人物發生性關係的想法，並且產生自然勃起的現象，這一連串過程是人類相當重要的行為反應。再看看我們周遭，在情色產業裡，ＡＶ影片、雜誌寫真、漫畫書刊都算是視覺的大宗。也就是說，視覺上的刺激，對男人來講是最直接又最具效率的，同時大多數男性也最吃這套。甚至可以說，上帝讓男人不用經過刻意學習或接受教導的過程，就擁有正常的做愛能力，這全倚賴天生的視覺感官。因此男人一定要成為視覺感官的愛好者，那才是坦然的面對自己。

我曾經在為男性個案看診時，進行過一些問題對答，例如：「覺得女性胸部像什麼？」「覺得女性陰部像什麼？」這類問題。有趣的是，會出現早洩症狀的人，多是回答：「我也說不上來，總之很有吸引力，讓我充滿各種想親近、想伸手觸碰等情不自禁的念頭。」至於問及有陽萎症狀或對性感到冷感的人時，他們的回答卻是：「我覺得胸部像是山丘、饅頭、肉包等東西。」接著，問題又來了：「難道你會想跟這些東西做愛？」

更有趣的是關於女性陰部的回答，前者同樣形容不出來，只覺得陰部很美、很神奇、非常具有吸引力和神祕感；後者則說陰部好像豬肉塊、棉被、另一張嘴巴等等較難與情慾連結上的名詞。

同樣的，一些有性冷感或是遇上性交疼痛的女性個案時，她們對男性陰莖的形容，也多半和情慾難有連結，也難以相關。像是覺得陰莖像軟體動物、像蛇、像拐杖等。其實，這就是視覺聯想影響了心理認知。視覺想像一定得和情慾呈現正面相關，才能自然出現享受性事的心態，如果腦袋氣氛不對，就很難和伴侶做親密接觸。

♥ 女人，應該擁有幾件點燃性慾的戰袍

性感衣服並非一定都是情趣用品，有時簡單一雙絲襪或一件襯衫，搭配適合的氣氛和言語，都能激發起男人對你的渴望，並非只有蕾絲衣服才能刺激他們。另外若隱若現的打扮，也比赤裸裸的身體來得吸引人。有時候，多嘗試在不同的情境下做愛，衣服也不見得都要脫光，就會有更多新發現、新趣味。就像有人從小不愛吃苦瓜，但一吃到清脆、甘甜的苦瓜料理，就再也不排斥甚至是喜歡上了苦瓜一樣。改變自己、勇敢地踏出第一步，做出各種嘗試，往往是讓關係時時保鮮的的關鍵。記得！平常就要多收藏幾件性愛戰袍，穿上除了讓男人更起勁，無形中妳也能散發出自信美，實在是一舉數得！

♥ 男人，應該擁有一顆充滿想像力的大腦

男人需要靠視覺來享受性愛，同時也必須依賴大腦來進行各種美好幻想，因此具備良好的想像力、創造力，便能讓伴侶之間的性生活更加豐富。千萬不要以為將性慾著重在視覺上，是件很膚淺的事，也不要害怕聽到女人說你色。好色天經地義，經由視覺的刺激來保持性慾、開發性慾，這都是大腦處理資訊的正常工作範疇。如果視覺上的刺激就是你的性愛動力來源，那絕對是件好事，請保持下去，繼續觀賞情色網站和你所喜愛的一切吧！

4
【性愛五感】的聽覺
聽到喘息就濕、就硬了

性福導師說

♡ 撒嬌式的呻吟搭配本能的喘息聲，就能催情、興奮
♡ 利用呻吟聲和啪啪啪聲，引領雙方走向高潮

　　試著想像一下：當你和伴侶做愛時，不必真的學ＡＶ女優那樣淫叫，只要跟隨身體的感受和律動，就會自然地發出聲音，展現出真實情境。如同性福導師說的：「床笫間的嬌喘與呻吟，除了能令男人興奮外，也能讓女人自身更加融入情色的氛圍裡。」

　　所謂五感性愛中的聽覺，是指透過聲音把身體交合的感受傳達給伴侶知道。聲音是一種非常奇妙的獨特感官，在我提倡的「性品味」與親密關係的五感概念中，聲音和其他感官一樣，所牽引的知覺都是獨一無二的感受。伴侶間藉由聲音的傳達，在性愛過程時，不但可以更加了解對方，也可以提高性愛的品質。

　　通常，我們可以利用「呻吟」、「喘息」、「輕語」等方式，擴大性愛中的聽覺刺激，如此不僅能舞出和另一半獨有的肢體共鳴，在性愛的親密過程裡更能挑起對方從內到外、心靈到身體的種種興奮之情和感動。

　　「聲音」到底有什麼魔力？以下介紹幾個關於性愛聽覺的知識，教導大家如何利用聲音增加辦事時的情趣，一起來「聽聽」吧！

1 能夠喚醒愛慾的輕聲細語

性愛是一種全身感官總動員的歡愉行為，借助身體律動、空間氣氛加上適時的一點聲音，就能讓我們全神投入在兩人專屬的世界裡。所以，在伴侶耳畔輕聲細語，就是相當常見的調情技巧。當我們細語綿延，加上擁抱和愛撫的動作，即可成功開啟美好的性愛開關。至於要說點什麼呢？除了稱讚對方之外，也可以說些：「我現在就想要妳！」「快讓我們融合在一起……」「好渴望被你包覆的感覺」等對白，這些並不是只有男人愛聽，女人其實也很喜歡，它能促進彼此的被需要的感覺。

2 床笫間的基本音效：本能喘息

「叫床」是緩慢點燃情慾的過程時，情不自禁發出的聲音。當性加上愛時，男人、女人都會自然地發出各種呻吟，這是一個強力的情慾高漲誘發點。要注意的是，呻吟與喘息不一定只發生在插入的過程，也可以運用在調情與前戲上。在兩人身體結合的過程裡，善用喘息聲，是達到性高潮所不可缺少的關鍵。除此之外，透過喘息的感官刺激，不僅能使彼此身體更加敏感、更容易陶醉在身體觸碰上，也能有助於提升雙方多巴胺的分泌，讓男人更易勃起、更加堅挺，女人也更能快速達到滋潤、濕滑的程度。

3 令人心醉的撒嬌式呻吟

在親密關係中，撒嬌意味著被愛情包容和圍繞，也讓男人有被依賴感。懂得適時撒嬌的女人不僅能讓男人充滿熱情，更能賦予性愛豐富的樂趣。稍微運用嬌柔的呻吟，就能讓彼此快速融入當下，更是做愛過程中的性感挑逗。適時的撒嬌與呻吟不僅是床上的興奮

劑，除了能讓男人感受到幸福之外，也能讓彼此更自由地享受快感，挑起深層的性慾望。

4 性慾的催情劑：叫床的節奏

執業的這些年，經常聽到個案想解決的議題就是「做到一半軟掉」，即「熱情很快消滅」的問題。這客觀的事實背後隱藏著一個原因：就算是愛好，也會隨著刺激減少而讓性愛品質產生變化。提醒大家，性愛時充分享受叫床也是一種技巧，更是放鬆自己的最好方式。具體上來說，叫床並非是刻意大聲呼叫，而是自然地發出呻吟聲。聲音除了配合自己的身體反應外，也要隨著對方的姿勢、自己舒服的感受，發出不同的叫聲。呻吟聲可以時而高亢、時而急促，配合彼此節奏、律動進而發聲。掌握住這個技巧，就越能夠挑撥情慾、引起高潮，也能讓對方清楚明白你的快感和身體的渴望，維持雙方辦事的熱情。有時在做愛過程中得到的心靈愉悅感，遠比高潮來得重要。

5 結合聲音和身體的律動引領雙方走向高潮

懂得享受性愛的人，會藉由聲音和肢體律動的交流來傳達彼此的需求，這是最直接、最美妙的性愛溝通。溫柔地讓對方知道你的舒服區域和性感帶，配合伴侶的節奏，盡情舞動自己的身體，同時以聲音回應對方，慢慢探索彼此。時下大家常用的「啪啪啪」字眼，就是一個例子。只要你放得開一點，就能好好利用這些技巧來挑逗你的另一伴，隨著節奏感，一步一步走向高潮，讓性愛過程擁有更完美的體驗。

5
【性愛五感】的嗅覺
聞到就催情、愛上你

性福導師說

♡ 調情的香味,最好擦在較為敏感的部位
♡ 擦上另一半喜歡的香味,也是一種體貼心理

　　每個人心中都有自己追求、專屬的獨特品味。大家常常說「品味」,並把它分成多項領域來討論,卻獨獨少了「性品味」。我們都知道性生活不是生活的全部,但它卻是生活裡的一大重要部分。「性品味」是我從神經科學裡的感覺統合而來,針對性而衍生出的一連串感知追求,並給予它全新的品味定義:人體透過和周遭環境接觸所接收到,傳遞給視覺、嗅覺、味覺、觸覺、聽覺的性刺激。「性品味」也是在臨床多年裡一直被我拿來運用的概念,它意味著兩人的感官擁有共同的本質,雙方能夠契合,便表示品味相同。

　　前面提到了視覺上的性感挑逗、淫聲浪語的聲音刺激之外,「嗅覺」雖然摸不到也看不到,卻也是影響性慾的關鍵。究竟要如何運用「氣味」來增加性愛生活的樂趣?

　　高級的飯店、酒店總是有特殊的香氛、氣味,那個氛圍代表了它想提供給客人的尊貴服務和氣氛,是一種無形的品牌意識,會讓進去的人想多停留,同時也能增加溫馨感。同理,我們也能透過挑選專屬自己或伴侶喜愛的「誘嗅品」,如香水、沐浴乳、香皂、身

體乳、唇膏等，以嗅覺來喚醒性慾，讓對方想親近你的身體。

可可・香奈兒說：「一個不噴香水的女人，沒有未來。」以下我們便說明一些關於嗅覺運用的重點，記下來，無論男女，保證讓你在誘惑伴侶時事半功倍！

1 善用洗完澡後的微香「性品味」

許多人特別喜歡另一半洗完澡出來的香氣，那是一種靜態的熱愛、永恆不變的期待。但也有些伴侶生活久了，會漸漸習慣而忽略這樣的美好感受。其實洗完澡是我們勾起性趣的最好時機，試試看在洗完澡後與另一半做些親暱的互動，或者刻意從另一半眼前走過，留下你滿身縈繞的氣味。此時你會發現，香味能夠激發起情趣，同時也能讓另一半在腦子裡充滿性感的想像。

2 把香味擦在敏感部位效果更好

有人說香水最好擦在動脈上，但我想這樣建議：調情的香味最好擦在較為敏感的部位，例如後頸、腰部、大腿內側等。此外，妳也可以在能點燃性慾的性感嘴唇上，擦些淡淡的護唇膏，讓接吻也能快速勾起性慾，激發出渴望性的驅動力。

3 清楚挑選四季之香、能催情之香

有品味的女人不會拿了香水就胡亂往身上噴，噴香水是一種國際禮儀，更是增強自信的方式。但是香氣能讓人貼近，也可能讓人遠離。例如天氣炎熱時絕對不要選擇太濃厚的香味，秋冬則可以使用暖香調或濃厚香氣來提升層次。近來有個案例很有趣，他說：「另

一半總是在身上擦著木質香氣，這讓我聯想到公司的木板裝潢，導致我性趣缺缺。」建議女人們白天可以選擇中性的香味來表達工作的氣勢，晚上挑選的香味則要柔和到令人想呵護。

4 味道不是自己說了算

香味的挑選是一件非常主觀的事，很多女人認為香味是選自己喜歡就好，但偶爾也可以試試伴侶喜歡的香味；就好像女性會想買自己喜歡的男性香水給伴侶使用。同理，擦上自己男人喜歡的香味，才可以有效地抓住對方的心。運用香味是一個可以帶給自己更多自信的技巧，也可藉此討另一半歡心，加深你們倆獨有的情趣，同時也意味著為對方著想的體貼心理。

6

【性愛五感】的味覺
吻出你濃烈的愛

性福導師說

♡ 良好的吻，就是打開性愛胃口的最佳前菜
♡ 為另一半口愛，最讓人銷魂的貼心服務

　　人因嗅覺的香或臭來判斷食物的美好，如咖啡香、麵包香、烤肉香等，接著才用味覺品嘗食物帶來的感受——利用舌頭上分布的味蕾和神經，接收各種食物味道以及食物口感的訊息。在性愛這檔事裡，其實也有跟嘴巴品嘗有關的事，而且相當重要，卻鮮少有人談論這部分的性愛議題。

　　攸關味覺的性愛，大致上包括口愛（口交）與接吻。如果在這兩件事上，能多下一點功夫，相信你與伴侶之間的性愛過程也會有更豐富的心靈交流，進而提升性愛品質。

♥ 口愛是天然的潤滑劑

　　許多動物都會用「舔拭」來表達歡愛，這樣的習性是動物們的身體語言，也就是用「舔」的行為來傳遞情感。同樣的，人類也會用各種方式來表達自己對另一半的喜愛，其中用舌頭輕舔的動作，最能使對方在每一寸肌膚上都感受到被愛的感覺。

　　口愛不單單限制在生殖器周遭，還包含身體、乳房、耳朵、頸

部、頭部等處。「舔」常被視為一種前戲，有些人還會使用調味型潤滑液加入其中來提升品味。我曾經從 100 位個案當中做口愛的調查，結果顯示僅有 20 多人懂得口愛的目的。有口愛行為的個案都認為：口愛是驗證親密關係和彼此信任的事情，因為口愛時，自己其實不會愉悅；口愛只是代表著想探索伴侶的感受，同時願意讓對方享受而服務對方的事。口愛能使伴侶產生高度的興奮感，讓性愛過程充滿更多愛意，同時也是一種吊人胃口的密技，若能學會良好的口愛技巧，便等於掌握住性愛的主導權。以下我們就來介紹一下口愛的技巧吧！

♥ 為女性服務的口愛：請問您需要什麼服務？

一開始女性都會對口愛感到害羞，也可能會拒絕，所以這時男人要花點時間去溝通和讚美，讓她覺得你是真心想品嘗她身上的味道，而非想做什麼較為奇特的事。為私處的口愛時，不妨從大腿內側的輕吻展開，之後再慢慢轉移地方。來到私處時，對著陰脣可以使用親吻的方式，想像著平常接吻的樣子來進行即可，再慢慢用平坦的舌面來舔拭整個陰部。過程中可以輕聲和女方說話，讚美對方，告訴她你有多愛她、多喜歡她。最後再使用舌頭的尖端，進行細部的接觸，這時可以輕輕逗弄陰蒂，小力的舔弄或是微微含住、吸吮都可以。不過由於每個人喜好不同，有的女性喜歡的口愛方式是集中在陰脣或外陰道，也有人較喜歡陰蒂的刺激。總之因人而異，建議多詢問對方，以對方想要的方式來服務，才是體貼的行為唷！

♥ 為男性服務的口愛：記得把牙齒收好！

男性的陰莖其實是很敏感的器官，只要有心服務，其實都能讓男性伴侶得到極大的愉悅感。幫男性口愛時，可以先運用舌端，接觸陰莖最敏感的地方。敏感處通常集中在龜頭周圍和陰莖內側繫帶部分，在這兩處輕輕以舌頭舔拭，男性很快就能得到快感。之後妳可以改用嘴巴含住的方式，將龜頭部分含進嘴裡，以自己口腔的舒適度為主，不需含得太深。含的過程中可以邊觀察男性的反應，做細微的前後運動，同時也可以用手輕撫陰囊或陰莖根部，增加男方舒服的程度。過程中切記不要讓牙齒碰到陰莖，由於陰莖敏感又脆弱，若不小心碰到，痛感可是遠大過快感的。

♥ 用接吻起開起性愛的旅程

吻，是愛情與性慾的表達，也能夠喚醒伴侶之間的激情與熱情。比起互相依偎、牽手、擁抱等動作，接吻被認為是更加私密的舉動。對另一半來說，接吻不僅可以增進感情、維繫彼此情感，還可以快速讓彼此投入情慾氣氛裡，因此也成了性愛中非常關鍵的內容。女性可以因為接吻而陶醉在性愛世界，男性也會因為接吻勾起各種生理反應，良好的一個吻，就是打開性愛胃口的最佳前菜。

接吻也代表著自己的品味，最忌諱胡亂狂吻，否則就說明了自己是個沒品味的人。建議可以輕輕擁抱另一半，凝視對方眼神，然後慢慢從淺吻開始。從嘴唇到嘴角，甚至是下巴、額頭、鼻子，都是面對面淺吻時可以輕吻的範圍。淺吻夠了之後，才能逐步深吻，輕輕地讓舌頭滑入對方口中，和對方的舌頭互相碰觸，直到彼此深深地繾綣交纏。

每個人對於接吻的喜好不盡相同，通常次數多了，自然可以從中了解對方的需求。不過要記住，接吻的形式有很多種，並非只有運用在性愛裡。像是上下班時臉頰上給予一吻，或是在另一半睡著時給予信任的一吻等，都是兩人日常生活裡維繫熱情的重要小動作。

　　最後要告訴大家，由於接吻是用嘴脣與舌頭來進行，所以伴侶之間的口腔就必須保持乾淨清爽。接吻時如果有了不好的氣味，便會大大影響兩人氣氛。萬一對方口氣不好，應該坦率告訴對方，說清楚原因，才不會讓親密關係出現問題。假如是口臭，有可能是口腔清潔不夠或是蛀牙，也可能是菸酒接觸太多的關係。比較嚴重的，則可能是因為肝或胃出了什麼問題，導致火氣大，氣味不好。這時伴侶應該互相鼓勵，就醫檢查，而非彼此嫌棄，這才是關心對方的表現，也是對感情正面的態度。

7

【性愛五感】的觸覺
親密接觸就是調情

性福導師說

♡ 身體的磨蹭、臉頰的摩擦，都是調情的一種
♡ 維持親密接觸，就是感情最好的養生法

　　經常遇到某些伴侶表示：「當另一半觸摸我時，總是會覺得很癢。」會癢，其實是一種自我防衛的掩飾。人類最敏感的器官是肌膚，被蚊子一咬，我們會以抓來止癢，但我們同時知道抓過頭會留下疤痕，於是便選擇用藥來緩解。同樣的，當皮膚受傷時，我們也懂得不去讓外物碰觸以安定傷口，幫助恢復。所以，若將身體交給他人來觸碰，便容易產生防衛心理，於是如何接觸對方身體、帶給對方美好的感受，成了一門必須用心下功夫的功課。

♥ 男人用下半身，女人則用觸感來思考

　　如果說男人是用下半身思維來代表的話，那女人便是用觸感來思考了。觸覺是人類接收世界訊息時相當重要的感覺之一，當人被另一個人碰觸了，除了肉體肌膚有感覺之外，心中也會有各種感覺。換句話說，人與人之間觸覺的感受會影響彼此的內心交流，所以觸覺也是「性品味」裡極重要的一環。好的觸碰體驗，可以讓伴侶輕鬆投入性愛氣氛裡，擁有更好、更細膩的性愛品質。

和另一半相處時，由於彼此信任又有親密感，身體觸碰可說是最基本也最常見的，舉凡牽手、擁抱或是性愛時的愛撫等，都算是身體的觸碰，而這些也都歸屬在調情的範圍裡。牽手、擁抱，大致上都是自然而然就會的事，至於愛撫就比較需要注意一些技巧，以下我們就把愛撫分成兩大重點來探討吧！

1 雙手的愛撫

　　雙手是愛撫最好用的工具，無論是手掌或是手指頭，都可以運用。在撫摸臀部、胸部或臉部時，可以適度用手掌輕碰，帶給對方溫暖。觸碰其他部位時，則可多多運用指尖。動用指尖時，應以手指頭的指腹為主，輕輕觸摸對方身體，讓指腹與要撫摸的身體表面盡量呈平行狀態，視撫摸的部位做來回摩擦，或做畫圓弧的運動。由於手指頭會時常觸碰對方肌膚，加上性感帶通常都極為脆弱，所以千萬不能留過長的指甲，否則一不小心就可能弄痛對方，就煞風景了。

2 使用身體其他部位的愛撫

　　除了雙手之外，我們還能夠利用嘴唇、舌頭和身體其他部位做各種觸覺的調情。像是躺在床上時的耳鬢廝磨、用嘴唇啄吻對方、抿嘴含住對方耳垂，或是依偎在對方身上、女生枕在男性胸膛或臂彎上、性愛時雙腿的交纏、彼此鼻尖或額頭的觸碰、身體的磨蹭、臉頰的摩擦等，都是屬於運用身體其他部位來調情的互動行為。這些調情其實不太需要刻意學習，也沒有什麼好或壞的標準，只要在生活中多和伴侶嘗試，久了兩人自然會找到彼此喜愛的模式。

♥ 適合被愛撫的身體部位，都需要用心探索

女性天生的性感帶較多，如果用心發掘，一定會有許多新發現。一般來講，除了胸部和陰部之外，女性的身體其他部位，也幾乎都蘊藏著性感帶，不過狀況仍因人而異，必須花心力慢慢探索出來。像是耳朵、臉頰、雙唇、舌頭、脖頸、鎖骨、背部、臀部等，都是大多數女性會有感覺的部位。至於大腿內側、雙足、手腕、手指等地方，也有不少人喜歡給伴侶碰觸。此外，還有人對於頭皮、頭髮的觸摸也會有感覺。男性身體適合愛撫的部分則較為集中，除了和女性同樣有感覺的唇舌之外，像是背部、胸膛、臀部以及生殖器周遭，是大多數男生都會喜歡被撫摸或按摩的地方。

當然我們也要記得，這些觸覺調情的動作，別只在性愛時才做，否則會讓調情成了一種過於直接的性暗示，好像做了這些就必定要做愛一樣。其實我們應該在平常的生活裡，就多做這些肢體互動，無論是打情罵俏、甜言蜜語、身體撫摸、歡樂聊天等等，其實都是一種雙方面的情感交流。

在臨床的經驗中，我經常這麼告訴個案，調情可以在廚房、客廳、車上、陽台、浴室、洗衣機前等地方。譬如在伴侶洗碗時，走過去輕輕地拍一下對方屁股、在客廳看電視時偷偷摸摸大腿、在車上彼此依偎、在對方晾衣服時摟摟對方的腰並在耳畔喃喃細語等，這些都是忙碌生活中保持親密度的重要小事。維持親密的接觸，就是兩人之間最好的感情養生方法。

8
性愛的
起、承、轉、合

性福導師說

♡ 點燃慾火前，要有個適合且放心的環境
♡ 攀上性愛頂峰後，擁抱、輕吻或共浴，都是重要的後戲

　　無論是寫作、戲劇或電影，從開始到結束都有所謂的起、承、轉、合四大脈絡，這四個不可或缺的過程彼此互相連接，構成了一齣完美藝術。那麼床上的性愛時刻，也該有一場美妙的「起承轉合」，來滿足雙方。因為良好的性愛發展若能循序漸進，其美妙的過程不僅能帶來滿足、歡樂和幸福感之外，也能消除生活所帶來的壓力。

　　我們得先了解，「起承轉合」的性愛技巧引導與法則，明白了其中的奧妙和關係變化後，你們甚至可以跳出這個框架，偶爾來一場不按牌理出牌的翻雲覆雨，也同樣能有一段美好的性愛時光。所以做愛時，並非要大家一成不變、循規蹈矩喲！至於該怎樣才能得心應手，那就讓性福導師教你的性愛章法中，四個重要且緊密相扣的要素吧！

♥ 起──創造良好開端

　　學會營造性愛氣氛和心理的種種挑逗，藉由生活中的情趣互動

延伸發展成性愛的氣氛。例如：在屋子裡打情罵俏、洗澡後的撒嬌，甚至是兩人一起洗澡等，而這些事也是有些步驟與訣竅。創造性愛開端的三大要素：

1、挑對乾淨且安心的場合

2、營造浪漫的氣氛

3、製造甜蜜的互動

首先就是要有個適合且放心的環境。很少人能夠在戶外或是其他人會隨時出現的場所裡還能放心享受性愛，因此場所挑選便是第一個先決條件。場所不一定僅限於房間，汽車旅館也行，但一定要確保是乾淨整潔且能安心的地方。

有了好的場所，再來就是提升浪漫的氣氛，例如準備美食與柔和的燈光，讓臥室瀰漫微微香氣並做點布置上的變化，女性可在衣服裡穿上性愛專用戰袍等，這些都可以提升浪漫氣氛。

最後便是製造互動，像是利用輕柔音樂配合擁抱與撒嬌，或是摟著對方跳起緩慢舞步，在床上幫對方按摩；一起淋浴、泡澡時主動幫對方塗抹肥皂或洗頭等，都是不錯的互動。另外，如果男性主動下廚展現廚藝，再配合甜點及美酒，也會讓女性心花怒放，主動投懷送抱，開啟甜蜜浪漫的氣氛。

♥ 承──點燃美妙慾火

在前幾個篇章我們探討過「性品味」裡五種感官的技巧，此時便是發揮這些技巧的最佳時機！

1、視覺

女性們可以在服裝上稍做準備，忽隱忽現地露出性感曲線。男

性的外表儀容則是保持乾淨清爽即可，也可以穿能顯露微微肌肉線條的衣服。女性服裝也不一定要走蕾絲路線，有時換上跟角色扮演有關的衣服，利用新鮮感和對情境演出的投入程度，往往也能快速點燃慾火。

2、聽覺

彼此在耳畔輕微喘息，具體地讚美對方、盡情地配合對方各種動作自然發出呻吟聲，最後搭配一些平常羞於開口的台詞，像是「現在就想要你」、「不要停」等。當然最重要的還是要傳遞你深愛對方的心情，只要適當運用上述例句，多多表達愛意，絕對可以引爆最原始的性慾望。

3、嗅覺

辦事地點保持空氣清新是最重要的前提，所以若是有什麼髒汙或帶有汗臭的衣褲、襪子，得先清洗或拿開！事前彼此可以先噴上對方喜歡的香水，或是在沐浴前後使用對方喜歡的香氛，如此便很容易在雙方親近時勾起對方性慾。

4、味覺

性愛之前，建議先洗過澡，身體保持乾淨是基本的性愛禮節。在沐浴清潔時，有些地方一定要仔細清洗，像是指甲、耳朵周遭、肚臍、腿部、足部等，不少人都會忽略這些地方。至於腋下與私處的清洗自然不在話下，男性請記得會藏汙納垢的包皮一定要翻開來仔細洗淨，萬一女性想幫你服務時若有異味就尷尬了！

5、觸覺

一定要了解對方的性感帶在何處！然後在愛撫時善用指尖與手

掌，輕柔地挑逗對方身體每一寸肌膚。在雙方身體結合後，繼續用手幫對方服務，至於各種淺吻、熱吻也都是可以做的事。如能熟悉以上這些要領，要持續提升雙方慾火可說是輕而易舉。

♥ 轉──攀上性愛頂峰

伴侶之間平時就要多了解彼此在性愛方面的喜好，在接近高潮時利用這些兩人才知道的方式互動，往往能順利迎來高潮。女性除了自己必須放得開之外，也需倚賴男性們發揮觀察力與耐心一起來幫忙。有的女性注重節奏感，有的則喜歡陰道與陰蒂的雙重刺激，有的人則是對某些姿勢特別有感。當然也有特別喜歡吟聲浪語的女性，這些都需要發揮耐心去找出來，如此便有助於雙方邁向性愛頂峰。

♥ 合──享受親密餘韻

性愛尾聲的親密餘韻也是相當重要，有人稱之為「後戲」。假如有一方性愛完之後就跑去做別的事，像是玩各種３Ｃ產品或是轉頭呼呼大睡，不僅煞風景，也等於不重視另一半。建議親密過後嘗試用擁抱、輕吻、共浴或是替對方緩緩穿回衣服、在床上閒聊剛剛的美好等方式，為這場性愛做個完美 ending。

9
前戲＋高潮＋後戲，
掌握你的法式性愛

性福導師說

♡ 用「峰終定律」的高品質和好結尾，來規劃你的性愛
♡ 一場愉悅的性愛在其過程中，都會令人期待並猜想下一個驚喜

　　管理學有個「峰終定律」的理論，意思是說，人們對於「好」與「壞」的感受，常常與體驗時間的長短無關。在一段體驗的高峰和結尾，若感受是愉悅的，那麼你對整個體驗的感受就是愉悅的。即便感覺差的時候占了比較長的體驗時間，但你仍然會覺得整個過程是偏向美好的。簡單來說，我們對體驗的記憶全由兩個因素來決定：「高峰」與「結尾」，這就是「峰終定律」；這理論也可以拿來比喻性愛過程。

　　性愛何嘗不是如此？前戲、高潮、後戲，便是做愛過程裡重點中的重點。事實上，只要這在幾個段落多花點心思讓彼此有好的感覺，儘管中間過程有些許不順利或是沒那麼好的體驗，但整體過程回想起來仍然會覺得很棒。因此，若是性愛技巧普普通通的人，就應該懂得在這些重點下功夫。至於對性愛品質不太滿意的伴侶們，也可以回頭審視一下，在這幾個重點段落裡，是不是總是太過隨便，或是還有可以改善的地方？只要願意和對方共同找出原因，並加以改進，相信之後的性愛體驗也都會是良好、愉悅的。

❤ 如餐點般的性愛

性愛有如吃飯，分成早、中、晚三餐。如果能夠了解一天當中適合性愛的好時機，就能自己安排良好的互動時間，創造令雙方回味無窮的經典回憶。

除了假日以外，我們通常不會有太多時間好好地享受一頓早餐，總是匆忙趕著出門，早餐也因此變成了越簡單越好、越速食越佳。至於中午，也許是因為還有工作，或者要藉此好好休息，往往連中餐時間也會犧牲掉。因此一天中最棒的時刻可以說就是晚餐時間了！就像大多數的餐廳，晚餐必定是最貴的消費時段，這個時刻是大家最從容享受的時光，能讓人專注、享受，怎能不好好安排？

由此可見，美好、愉悅的性愛應該要像晚餐，可以慢條斯理地展開，分成開胃菜、主菜、甜點和飲料等。所以若有心，不妨從氣氛就開始鋪陳，直到性愛結尾，都該好好講究。例如主動向伴侶示好或撒嬌，這便是氣氛鋪陳，也好像餐點中的沙拉，一嘗就讓人打開性愛胃口。之後再藉由親吻或擁抱展開愛撫，這便是前戲，也就是前菜或副餐。再來，就是高潮的前後階段，享用華麗主餐的時刻，用什麼樣的方式進行，就像是吃了什麼樣的料理。

當然，高潮過後也不能忘記後戲，也就是餐後甜點。當一套料理吃到最後竟然沒有甜點，相信女性一定會感到非常失望。因此無論如何，請記得！哪怕是蓋著棉被聊天、互相牽手或擁抱休息，後戲都相當重要、不可忽略的過程。當你任何一道環節都不缺少時，才算是吃完一套完美、豐富的大餐。當然，像早餐和中餐的速食性愛，在吃膩了豪華大餐時，偶爾也是頗有新鮮感的！

♥ 性愛，就該像重視細節的法式料理

做菜之前，你總是會先規劃菜單、購買食材，有了初步的想法才能夠逐步安排下去。想要用什麼樣的氣氛展開一場愉悅的性愛，中間過程要有哪些元素，其實都該有個腹案。

理想的性愛應該如同法式料理或中式宴席料理一樣，菜一道一道來，重視細節、講究順序，讓人不禁去猜想、期待下一道菜的內容。過程中，儘管已吃了幾道料理，也有滿足感，但仍然繼續期待後面的餐點。尤其是主菜一到，總是讓人盼望又興奮，這便是良好的性愛安排。至於吃完主餐後，該配紅酒好呢？還是白酒好呢？最後該配上什麼樣的甜點來做為結尾？諸如此類的規劃，都是我們平常該注意的細節。

將性愛比作餐點規劃，一來可以滿足我們的性慾；二來會覺得倍感尊榮；三來段落明顯，容易掌握，可以徹底運用「峰終定律」，非常適合大家來學習。建議想精進性愛能力的男女，不妨多多研究這種「前戲—前菜→高潮—主菜→後戲—甜點」法式性愛，給伴侶一個驚喜感。相信，不只你們的感情會更加牢固，也會擁有越來越浪漫的性愛生活！

10
性愛，
不要卡在原則裡

性福導師說

♡ 性事上不拘束、樂於變化，感情才能甜甜蜜蜜
♡ 不墨守ＳＯＰ成規，也是一種很好的性愛原則

「這個不行、那個也不行！」許多人生活在自己堅持的原則裡，不允許別人輕易改變。好比許多人都習慣在晚上睡覺前洗澡，若要他們改成早上起床才洗澡，就像破壞了全世界的秩序一樣，連思緒都會亂成一團，總覺得哪裡不舒服。

其實「改變」並沒有那麼困難，重點在於我們是否能夠跨出心底那道無形的界線。

萬一「改變」這檔事出現在性愛上，雙方有了不滿意或是缺乏新鮮感的情形時，就應該嘗試些不同方式，千萬不要常常迂迴在自己的原則裡，甚至躊躇在「要不要妥協」的掙扎裡。

不少感情甜蜜的情侶和恩愛的夫妻，在性事的表現關係上都非常地滿意和良好，這並不是因為對方條件多好多厲害，而是因為在他們懂得不受拘束、樂於變化。畢竟伴侶都固定了，每天若還進行同樣的ＳＯＰ流程，怎麼可能不膩？

♥ 試著妥協，也是種幸福

嘗試打破原則，給彼此的性愛關係更多魅力，如此不僅能得到全新的性愛感受，也能延伸出更獨特的親密火花。以下給你幾個可以妥協的性愛原則：

1、不開燈做愛

關燈做愛有其樂趣，除了能夠放得更開，也有股下一秒不知會發生什麼事的刺激感。此外，燈光也可以拿來當作活絡性愛氣氛的好道具，因為人類是視覺的動物，若適度運用柔和光線，還能有效點綴氣氛，產生變化多端的情境美，更可以欣賞對方的表情或看到自己做愛的樣子而感到害羞或興奮呢！

2、早上起床做愛不奇怪

大部分身體健康的男性，早上睡醒時都會有自然勃起的現象，這其實也意味「早晨是上天賦予的另一個最佳做愛時刻」。有些人不喜歡早上起床做愛，一來是因為口腔氣味不好，二來是覺得沒多久就要趕著上班，無法好好享受的同時可能還有股壓力。不過這些都是可以解決的，建議早上起床時，可以先到浴室刷牙洗臉，或者也可以試試起床時，只做愛撫與結合後的運動，避開嘴對嘴的接吻。

3、好朋友光臨，戴保險套也可以做！

女性ＭＣ來臨時的確是比較麻煩，這段期間，有不少人認為陰道裡的酸鹼值起了變化，病菌容易孳生，避開性愛比較好。但其實月經前後，是女人性慾高漲、身體特別敏感的時期。只要男性戴好保險套，別做太激烈的動作，做愛當然沒問題，而且反而更容易讓女性達到高潮。

在東方社會，總覺得經期來臨的女性身體較為不潔，但其實只要防護措施做好、注意衛生，男性不要用嘴巴接觸陰道，正常並不會有什麼衛生疾病產生。真的很在意經血的人，也可以嘗試做些不需要性器官結合的性愛。如果是擔心事後清潔的問題，也可以在辦事時，在身體下面墊毛巾並在旁邊準備好衛生紙，就不用擔心弄髒床單。另外，將戰場轉移到浴室，也是經期來臨時不錯的選擇。

4、三到五個月後，帶球也可做愛

擔心懷孕期間若有性行為，會影響肚裡的寶寶？懷孕前三個月，胎盤發育還不太成熟，同時還會有其他不適症狀，的確是不適合做愛。不過，在三到五個月過後，當胎盤已經和子宮壁形成連結也變得緊密，多數孕期症狀也較為減輕時，這時候就可以有「無插入性的性行為」了。但若要進行抽插的運動，就必須採取不壓迫腹部、對肚子負擔較小的坐姿，或是兩人側躺在床上的體位。懷孕期間，必須特別注重衛生，做愛也必須比平常還溫柔，如此才能讓女性在懷孕期間同樣感受到幸福，也才能夠安心待產，幫家庭迎來新成員。

5、不是只有躺著才能做愛

性愛姿勢千變萬化，只能接受躺著做實在太可惜了！當伴侶中有某一方堅持此原則時，應該要好好溝通一下，試著去找出為什麼堅持只能躺著做的原因。假如只是純粹覺得其他姿勢太害羞，那就要多習慣其他姿勢，並給對方多點心理建設以便克服。

6、沒有脫光衣服也能做

雖然說衣服脫光後，要進行什麼性愛動作都會輕鬆許多，但

其實穿著衣服做愛是件非常有情趣的事。尤其在冬天人比較不會流汗，慾火難耐又怕脫光衣服太冷時，穿著衣服辦事實在是一大享受！當女方穿著短裙、ＯＬ套裝、各式絲襪，男方穿著襯衫、筆挺的西裝，都會對另一半產生極大的吸引力。做起愛來，不僅比平常多了些情境感，視覺上也感到新鮮。

7、不一定要有高潮

認為做愛一定要有高潮，可說是種錯誤解讀。做愛最重要的是「從過程中得到心靈的交流」，高潮雖然重要卻非一定要有。伴侶在一起久了，注重的是心靈相通、彼此能夠互相依靠等特點。在日常生活中，時不時就來個挑逗式或磨蹭式的溫柔愛撫，都會營造出浪漫的性愛氣氛。被這種氣氛給圍繞的伴侶，反而更幸福，能走更長久的愛情之路。

記得，性愛時太堅守己見反而會失去許多開拓性福的機會。凡事勇於嘗試，不墨守成規，也是一種很好的性愛原則！

11
激起
「好想做愛」的慾望

在忙碌的現代社會，大家為了工作汲汲營營、勞心勞力，壓力之大可想而知。生活中，不僅有越來越多的無性夫妻，平日處於低性慾狀態的人也不少。看診時，我常常聽到個案抱怨自己的另一半，說他們在一起久了，對做愛這檔事彷彿就沒有了胃口。除了男性抱怨女性不願意配合，女性也抱怨身邊男人不再愛自己，或是瞎猜對方是否有了外遇等。

如果是某一方身體有狀況，就應儘速就醫檢查，尋求協助；如果身體方面都沒問題，還沒有性慾的話，就應該好好溝通，一起找出問題所在。性愛的慾望種子，平常就應在細節裡種下，好好培養，待慾望成熟了自然就能享受性愛的樂趣。以下幾個建議，可以提升雙方的親密度和想要的慾望：

1 讓你們更親密的不是做愛，是裸睡！

裸睡的好處相當多，不僅可以紓壓、增強免疫力，還有助於深度睡眠。當然更重要的是：裸睡其實是種前戲的醞釀。因為兩個人

在睡覺時，視覺上能夠互相刺激，身體肌膚也可以自然地碰觸到，很容易產生性興奮。即使剛準備入睡時沒有性慾，也有可能在過了段時間之後或早晨起床時，就有了強烈的需求感。此外，裸睡還可以讓女性胸部徹底放鬆，同時使男性的睪丸溫度下降，精子變得更活潑，增加精蟲活動力與性慾望。總體來說，裸睡確實有益健康，且能提高性慾，讓伴侶們行房次數增加，也能幫助無性夫妻找回正常的性生活，只要天氣不會太冷、女性不在月經期間，便可多多嘗試。

② 看情色影片和書籍嗎？我陪你！

一項有趣的研究指出，根據英國婚外情網站 IllicitEncounters 近年來針對 1,400 名男性所做的調查，發現不出軌的男性中，有 72％平均每週看 1 至 3 次情色影片，但出軌的男性只有 34％的人會看情色片。可見會看情色片的伴侶，對另一半是比較忠誠的。也許是因為大部分的休閒時間都拿來看片，同時也邊解決了性慾，就不會想去勾搭小三的關係吧！另外值得一提的是，該調查還發現，有 84％的已婚男性雖然不會跟伴侶一起看情色片，但若伴侶主動要和他們一起看，還有 64％的男性會感到非常開心。

現在成人商品相當多元，觀看ＡＶ影片或情色刊物已經不是男人獨有的專利。女性若能挑選到符合自己的情趣商品，一樣能夠刺激性慾。兩人一起觀看情色影片，不僅可以培養感情，抒發壓力，也可以看作是一種另類的約會行程。

對了！觀看影片或刊物時，或許會發現自己有興趣的內容，此時不妨由女性來主導，告訴男伴們自己對什麼樣的情境感興趣，通

常很少會有男性朋友不配合的。另外，大量閱覽也可以增加一些做愛的點子，避免長期下來淪為公式化的內容。整體而言，兩人一起觀賞情色商品也能可以有效激起性愛慾望。

3 赤裸相擁入睡，特別美！

睡眠前不妨嘗試和另一半裸著身體互相擁抱就好，不要做活塞運動。也許到了半夜或早晨，你們就會發現這個方法能讓彼此產生強烈的性渴望，對於男性早上的勃起也相當有幫助。如果一早醒來感到精力旺盛的話，建議可先到浴室梳洗，接著就在浴室裡進行調情與口愛，待慾火高漲時再回到房間裡好好翻雲覆雨。另外男性在進行活塞運動時，別忘了它只是性愛動作裡的其中一項。性器結合時，尚有前後、上下、迴轉、混合等運動方式，平常就該多找機會和伴侶練習，探索彼此有感覺的地方，才不至於做白工，並避免讓女性感到無趣或厭煩。

以上的建議都有助於培養性慾，但讀者們也無需擔心縱慾的問題，因為本篇的重點並不是一味追求做愛與射精，而是教導大家如何在平時就醞釀「想做愛」的念頭。此外，大家也要有個觀念，並非每次「想要」就一定得馬上解決。雖然性愛一事老被排在後面的順位，但還是要盡力安排出專屬於兩人的獨處時間，一起開發情趣，找回熱情。懂得培育愛火、種下慾望的種子，才會對伴侶的身體有越來越強烈的渴望，也才能好好維繫感情，找回失落的性與愛。

12
啪啪啪的
凹凸節奏

性福導師說

♡ 性愛是美妙、多變的韻律,並非只有一種快節奏
♡ 結合時不是要證明「你很強」,是要懂得平衡彼此需求

　　許多男性朋友喜歡看ＡＶ影片或使用各種情色商品來幫助成長,這雖然有助於培養情感與性慾,但也要注意不要一昧模仿,或是對影片內容產生了移情作用。藉由ＡＶ影片來認識性愛世界,如果成年後本身的知識不足,或與女性相處的經驗不足,便很容易把影片的內容都當真。

　　實際上美好的性愛體驗,是透過改掉錯誤認知並多和伴侶溝通、討論,才能夠達到。但ＡＶ影片對男性朋友影響較大的,應該要算是影片裡總是省略了的前戲經營,以及一直灌輸男性就是要又大、又強、又猛的錯誤觀點!

♥ 男性,找到你的做愛 TEMPO

　　其實,性愛技巧非常多,扣掉氣氛的營造和愛撫的前戲、後戲,比較重要的就是中間結合後的運動過程。不少男性來到結合這一階段時,總認為只要單純地做做活塞運動,節奏由慢到快、力道由弱到強就可以了。或者是自己潛意識莫名設定了一個「勇猛」的形象,

然後拚命地去達成這個目標；就連手指運動也是一樣。這些其實都是狹隘與錯誤的認知。

前面篇章也提到，活塞運動只是結合後的其中一項動作，且「勇猛」也不代表就有魅力。建議大家可以多利用「快慢轉換」，來達到男女之間的共振歡愉。慢到快之後不一定就要繼續快下去，也可以多嘗試些輕柔的動作，像是畫圓形的迴轉運動、深淺不一的進出、由女性坐在男性上方的前後運動等，都是不錯的性愛動作。上述這些運動，男人不但可以仍在過程中持續享受，還可節省體力，幫助女性達到高潮，不要只是一昧地埋頭苦幹，有時柔和一點反而會更有收穫。

♥ 女性，由妳來主導才是高潮捷徑

根據調查，其實只有百分之 25％的女性才能得到陰道高潮，但這些女性也不是因為快或猛才達到高潮。因為「快」對女人來說只有快感，沒有高潮，也不是直通高潮的保證。比起速度感來說，更重要的是「合啪」，即雙方的節奏要能夠契合、要能明白對方的敏感之處才有用。還有，體力分配這件事也會直接影響性愛的時間。好比跑五千公尺長跑與一百公尺短跑的差異一樣，沒有分配體力的話，一下子把體力用完之後就無法享受過程的美妙了。

既然能用更輕鬆、更久的方式達到性愛的愉悅感，為何男性還要使用吃力不討好的方式來交歡？建議大家平常就該多嘗試不同的節奏轉換、不同的運動方式，或者由女性來主導整個做愛過程，相信會有全然不同的感受。

♥ 成人影片可以參考，但溝通最重要

觀賞情色影片時可以把它當作是一種學習，但若真的照著影片來做時，會發現自己根本無法像片中的男優、女優一樣威風，甚至會有挫折感。這不是你有問題，而是實際做愛時，我們不會像影片那樣時時「勇猛」，因為影片可以剪接，也有使用道具。可是偏偏就有男性朋友總是誤以為活塞運動就是做猛、做久即可。

其實拍攝成人影片本身就是種商業行為，導演必須創造誇張的性愛氛圍，讓觀賞者用最快的速度心態投入情境裡，這就是情色商品的本質。應該要了解的是，當我們習慣了成人影片帶給我們的觀念之後，去模仿它，那只是一種幻想情境而不是實際情境，而且長久下來可能還會跟真實世界裡的女性想法脫軌，這並不是一個好現象。多問自己：「擁有良好的性能力，究竟是想要真正地滿足對方呢？還是只想用蠻力來證明你很強？」

♥ 不要只是成就自己的「強」，而忘了體貼對方

男人與女人就像一凸一凹的不同個體，兩者因為先天上的不同，所要追求的從來就都不一樣；當然，做愛也就不可能只依照一方的想法來進行。唯有多站在對方的角度去理解對方，進而在性愛中達到彼此需求的平衡，才是不變的道理。

性愛是多變的韻律、美妙的藝術，活塞運動時並非只有一種快節奏，也絕不是一成不變的模式。真正懂得性愛的正確觀念者，相信就能收放自如地去面對自己和伴侶的親密行為，同時做起愛來，也會有事半功倍的感覺。

13
性愛就像
跳交合之舞

性福導師說

♡ 一個人練習很難 High，雙人和合才幸福、圓滿

♡ 若雙方心靈相通，7 分鐘的性愛就能令人滿意

　　下班回家的路上，小間先生經過一條有兩間情趣用品店的街道。望著櫥窗陳列的商品，他心中有股性慾被挑動起來，但一回到家裡，面對老婆曖昧不明的態度時，做愛的念頭便很快地消失無蹤。

　　小間在公司非常認真，不久前才升為經理，工作忙碌也時常被迫加班；老婆和他一樣也是公司裡的重要人才。不知不覺，兩人逐漸以工作為重，三餐倚賴外食，雖然沒有什麼家庭瑣事，不過最近卻有一股心酸感襲來，小間認為是兩人做愛的次數過少，親密度不夠的關係。性愛，就像被忘在倉庫裡或遺失了一樣。

　　聽著小間的訴苦，我感覺得出他的煩惱以及對婚姻的重視。三十幾歲正是年輕的時期，一個月平均下來只有一次，這做愛次數確實是少了些。小間告訴我，他利用 google 在網路搜尋了一下，發現性愛次數對應年齡是有公式表的，但自己的現況完全不符合。我聽後笑了笑，跟他說性愛次數偏少是事實，但性愛這件事因人而異，每對夫妻生活狀況都不同，也不用全照著公式表來檢討。

❤️ 每個人內心深處都渴望著一個完美的舞伴

從小間的言談裡可以得知，大多數人都明白性愛次數對婚姻的維繫相當重要。他直接面對、重視這項問題，是值得讚許的正面心態。

伴侶之間的性愛是種自然的生理需求，就好比兩人共舞一般。無論是曼波、探戈、華爾滋、恰恰，還是倫巴、森巴，這些眾人所知的舞蹈，多數都是以兩人為主。當你一個人練習時，似乎會發現少了什麼，等到另一個人加入共舞，才能明白：原來再美的旋律如果少了另一個人一起舞動，舞再美都缺少了一點圓滿和幸福。所有舞蹈家都知道，一個人跳舞是為了追尋進步，雙人舞蹈則是追求兩個人之間的和諧和心靈交流。性愛也是如此，兩個人之間的性愛和生活中的交集，就像雙人舞蹈譜出的美好律動，既然如此，怎能以統一的公式來衡量不同的個體組合？

在小間先生的案例裡，或許是因為追求事業的關係，讓夫妻兩人暫時忽略了性愛。當先生發現時，太太可能還不自知，或者也可能是「習慣了」。發生這種情況時，我建議當事人可以用「找回初衷」的方式來解決，可以先試著回想：「當初那麼努力工作是為什麼？不也是為了對方、為這個家庭而打拚嗎？」夫妻既然是一個家庭的根本，將夫妻情感鞏固好，讓整個家庭充滿愉快的氣氛，才是幸福的基石。

❤️ 做愛，一點也不浪費時間

對已婚夫婦來說，做愛其實應該更放開一點，畢竟兩人在交往過程或是婚後，都已經有過多次的性愛經驗。無論是規規矩矩的性

愛、較長時間的性愛、雙方都非常滿足的性愛，早就可能經歷過。過去情侶階段時的性愛煩惱，例如擔心自己表現不好、口味特殊嚇到對方，應該早已拋諸腦後。所以已婚夫婦是相對幸福的，配偶不會因為一兩次的不喜歡，就對你打了折扣。沒了這些杞人憂天的事，如果不多嘗試與以往不同的性愛，那不是很可惜？

做愛不一定要長時間，做好、做滿，心靈有交流到才是重點。一般性愛專家認為，只要雙方心靈相通，7 至 13 分鐘就能營造令人滿意的性愛。醫學角度來講，則是認為 10 至 20 分鐘最佳，超過 20 分鐘，女性陰道便容易轉為乾澀，不利於性愛。有時候，來個時間不長卻充滿新鮮感的性愛，或是時間不長卻一樣能高潮的性愛，往往會有出乎意料的收穫。總之，不以時間取勝，反而能發掘出許多性愛樂趣。

跳脫ＳＯＰ的科技性愛

性愛有很多種，因科技、網路發達而衍生出的「電愛、網愛」，也是近年來年輕伴侶間流行的性愛行為。廣義來講，只要雙方喜歡，儘管沒有高潮，也都是一種性愛方式，偶爾發揮想像力或利用文字，來個跳脫ＳＯＰ的性愛，或許有助於重新找回遺失的性慾。記住！性慾是一種本能，一時遺忘了，只要有心都還是能尋找回來。

14
性愛頻率
幾次才合理？

性福導師說

♡ 當你渴望時自然會去追求，初識時次數當然多
♡ 相知相惜後，心靈交流有時也能取代性愛

　　在工作看診時，常有不少人問我：「怎樣的做愛頻率才是正常、合理的呢？」這個問題其實沒有標準答案。不少人喜歡暢談性愛的次數，但其實性慾這東西就好比食量一樣，有些人一天要吃好多碗飯，但有些人可能一天吃個兩碗飯就飽了。所以刻意去歸納什麼公式，或是利用什麼頻率來量化性愛，意義實在不大，同時也不太客觀。

　　性不是件純理性的東西，它帶有許多情感層面，無法用頻率去解讀或是下定論。戀人剛在一起時，追求的是想得到對方的全部或是一種甜蜜感，因此身體的親近相當重要。等到關係發展穩定時，彼此越來越了解，心理層面也會獲得一種歸屬感，於是在建立親密度、營造愛情的氛圍這檔事裡，肉體碰觸，就從主要事項變成次要、輔助的事了。簡單來說，關係穩定時，做愛雖然一樣重要，但已經不是拉近彼此關係的主要管道。

　　譬如剛在一起的時候，因為能暢談的事情還不多，在兩人獨處休息時，身體的接觸和性就變成最在意的事。但隨著感情加深，能

談的事情越來越多之後，原本躺在床上等待對方觸碰的渴望，會漸漸轉變成想和對方邊擁抱、邊傾訴生活中大小事的心境。

從另一種角度來看，這就像是言語上的做愛，只是形式不同，但同樣都能夠交流心靈，有助於更加了解彼此。當然也不可否認，我們依舊都需要性，也渴望性。當我們渴望的時候，自然就會去追求，性愛也會自然而然地發生，而不是預先在心裡設下一個目標，然後規範自己要去達成。性愛若有預設，就太有目的性了，就算次數多，也無法代表什麼。

以下就來更深入地剖析，把愛情歸類成三階段：初愛探索期→熱戀相知期→熟戀歸屬期，看看在不同階段的愛情關係裡，為什麼性愛這檔事也會扮演著不同的角色。

階段 1：初愛探索期

戀人剛在一起時，對彼此的了解還不夠仔細，能聊的話題不多，也無法深入地談論對未來的規劃，加上又隔著一層距離相處的關係，不易看見對方的缺點，包容力也較大，使得對方在自己心中的印象，往往非常美好。這時身體的碰觸就成了雙方都期待也積極想發生的事，同時也成了衡量進展的一個重要標的。儘管此時的女生都不覺得性愛是很必要的事，彼此也還不太熟，但若碰上合適的氣氛，還是很容易發生性愛。

階段 2：熱戀相知期

隨著戀情加溫，也許雙方會刻意多製造些獨處的空間與時間來。這是因為彼此互相了解、相知相惜，對於自己的身心，都會毫

無保留地奉獻給對方。有一點點挑逗的火花，往往就演變成猛烈的慾火，性愛的次數自然上升不少。加上對方若是比較黏或是慾望較高的人，甚至又喜歡嘗試各種不同性愛場合與時機的話，那麼做愛次數肯定是直線攀升。不管怎麼看，這時候都是性愛頻率較高的時期。

階段 3：熟戀歸屬期

到了這個時期，兩人的戀情若還穩定，那關係應該會昇華到另一種境界。這時彼此的感情就不需要靠大量的性愛來維繫，取而代之的是共同面對生活中的一切。兩人在日常生活中若是能夠互相扶持、互相理解，一起克服難關，反而容易體會到「平淡的幸福」，對於愛情的成就感也會油然而生。至於性愛，做得好、品質高，遠比次數來得重要許多。此時心靈交流有時也能取代性愛，這時做愛的頻率也就沒那麼一定了。

綜合上述所說可以了解到，戀人們在一起的時間久了，做愛的情況多少都會有些變化；如果步上婚姻或是有了小孩，狀況又會更加不同。但說到底，都是因為彼此關係緊密、互相了解得夠深，能暢聊、能做的事情也都增加不少的關係。甚至，還可能有了比做愛更值得的事可以做，這些都是愛情穩定成長、昇華的正常現象。

不可否認，性很重要，甚至非常重要，但與其刻意花心思來控制它的頻率，倒不如多多留心和伴侶之間的心靈交流。畢竟有著兩顆能夠互相交流的心，才是愛情裡最穩固的基石，至於性愛甚至是頻率多寡，只是一種形式罷了。

性愛的形式

不是只有結合、活塞運動才算是做愛，舉凡按摩、手愛、口愛、擁吻、身體磨蹭等，也都是性愛的一種，千萬別把性愛這事看得太死板才好。當愛堆疊得更濃、更深時，性愛頻率不一定會成正比地增加；不要把做愛的頻率與感情的增減劃上等號。當他人的性生活和自己所想的不太一樣時，也和你無關，就別給他人貼上性冷感或怪咖的標籤吧！

15

「妳高潮了沒？」

── 性福導師說 ──

♡ 愛你的伴侶滿意你的表現時，事後一定會跟你分享
♡ 做愛後好好聊天，正是延續親密關係最重要的小事

「做得好端端，為什麼要辭職？」

一家公司的櫃檯小姐吵著要辭職，同事們都覺得奇怪，紛紛問道。

「我也不想辭職啊！但是公司有個傢伙名叫高潮，而且還常常遲到。」小姐怒說。

「那跟你有什麼關係？也用不著辭職啊！」經理好奇發問。

「他遲到不要緊，問題是每天都有人問我高潮來了沒！我真受不了！」

以上雖然純屬笑話，但多少可以反映出女性討厭頻頻被人問及高潮來了沒的心情。其實性愛需要良好的溝通與討論，開誠布公對彼此坦白，能夠互相暢談性愛感受，是邁向性福最重要的第一步。好的溝通可以讓雙方感情增溫，讓人覺得對方在乎自己；不好的溝通，則會讓人厭煩感，或是覺得問的人根本不投入，好像在做訪談或實驗一般。

該如何才能好好地和愛人仔細溝通你們之間的性愛之事呢？這

真的是一門深奧的藝術。首先大家要記得，別常說：「你的感覺，我懂！」事實上你可能沒有全然地懂。尤其是正在做愛時，老問女伴：「高潮了沒？」這實在是令女性為難啊！真的高潮，用心看就看得出來；還沒到達高潮，越問反而越令人煩躁，同時也難以投入。男性若擔心對方對方是在演給你看，太不坦誠，那就千萬得改掉這個老愛在做愛過程中問女性有無高潮的壞習慣。相信如果是一個愛你的女性，真的達到高潮時，事後一定會跟你分享並誇獎你的。如果硬要在不對的時機問這問題，真的是相當多餘又煞風景。

♥ 最舒服的不是高潮，是你溫柔細問的口吻

對於性愛過程的討論，最好是選在平日兩人獨處沒事時，或是在做愛完後。我們都知道，有些人比較擅長表達自己想法，有些人不是，建議由較擅長表達自己想法的人先主動開口談這件事。開始談論時，絕非單純用你問我答，好像在審判的方式來聽取意見，而該是先把問題丟出來後，自己率先回答，用自然、輕鬆的言語，讓對方知道這場談話是很稀鬆平常的。然後，也因為氣氛輕鬆，對方才會自在地回覆你，不致於感到壓力。最後在一來一往的發言中，你會發現彼此會開始期待起下一次的性愛。

此外，同樣是表達性愛的感覺，男性的表述狀況通常會較為簡單，女性則顯得複雜。有的女性從來都不敢說出自己的性愛感受，甚至不明白高潮是怎樣的感覺，或自己到底有沒有高潮也不太清楚。此時，男性伴侶一定要拿出耐心，不要給予壓力。要知道，不是所有的問題在當下都一定要得到答案，留點時間給對方思考，或是之後在無聊之時，拿來當兩人私密話題也不錯。同時，也該多鼓

勵女性朋友們主動表達自己的感受，性愛是兩人的事，沒有誰該承擔全部的責任。

【情境模擬】

情侶互相問答時，建議可以用這些方式詢問：

「今天做愛的過程，你有什麼想法嗎？」

「寶貝，我今天這樣摸你，感覺如何？」

「今天這樣，你喜歡嗎？」

「今天有沒有哪個姿勢或方式你覺得很舒服？」

「有沒有哪個姿勢讓你不舒服的？」

　　當然，女性也可以直接說說陰道裡面的感覺，不用完全等待男性發問。像是，關於身體結合後的運動，有沒有什麼樣的想法？「是應該慢一點呢？還是可以再快一點？過程中所採用的體位是不是有自己比較喜歡？」等。總之，沒有人喜歡直接被問及是否有無高潮，或對自己的能力滿不滿意這類事。針對性愛局部過程的感想，採開放式提問，大家比較會願意抒發意見。

♥ 不比較，互相尊重

　　記得，做愛時除了別犯傷感情的「妳有沒有高潮」禁忌外，還有一項得切記！無論男女，請都別和前任比較，尤其是還逼問對方回答究竟誰比較好的問題。過去的事就過去了，創造彼此有共同的美好未來才是最重要的，硬要和他人比較，不僅讓伴侶為難，也顯得你胸襟狹隘、沒有真心投入在性愛關係裡。

對了，假如有什麼特殊的愛好或是想玩什麼情趣商品，也一定要先和伴侶聊過，了解對方的想法與底線後才能嘗試。萬一在對方沒有心理準備的情況下拿出來使用，可能會讓伴侶從此對情趣用品產生排斥感，甚至弄巧成拙。此外，像是做愛時頻頻說髒話、不耐煩地催促對方動作，也都是非常ＮＧ的行為！

　　說到底，平時就要記得學著傾聽對方的感受，面對問題，也要試著詳細描述當中的癥結點，如此一來，就會發現這類攸關性愛的談心、聊天，其實正是延續彼此親密關係中，最常忽略卻又是最重要的小事。

16

性愛，分工合作；
高潮，妳來領導

性福導師說

♡ 做愛時可以偷偷來點性幻想，有助於妳更快進入狀況
♡ 除了男人在動之外，妳也可以做反方向的運動來回應

不少女性都認為高潮是男人的責任，就連男人自身也常常抱著這樣的想法，認為女人能否高潮，關鍵全部都在自己身上。事實上，女人能否高潮，最大的決定因素是在自己身上，因為沒有人比自己還了解自己的身體，也沒有人比自己還更能操作自己的身體。

曾經有位女性個案跟我說：「導師，我想要每次做愛都維持在20分鐘以上。」我聽了便反問她：「妳知道女人多快就能讓身體高潮嗎？答案是3到5分鐘。」我相信只要是偶爾會自慰的女性，一定不會訝異這答案。

當然也有些人以為男伴夠持久的話，就能帶給女性高潮，不過若沒能搔到癢處，就算時間再久，高潮也還是不會降臨。女性的高潮不僅每個人感受不一樣，也比男性複雜得多，既然如此，又怎能把自身的高潮責任全丟給男伴呢？

♥ 高潮，由妳來領導

如果女性朋友覺得自己和另一半做愛時，總是難以達到高潮的話，我會建議，不妨試著由自己來主導整個性愛過程。首先，妳要先懂得自己的身體，要了解怎樣的互動能讓自己的身體有較大的反應。在前戲時，可以直接告訴伴侶，或是牽著伴侶的手來愛撫自己的身體。過程中當伴侶摸對了地方，就告訴他：「對，就是這裡！」除了肯定對方外，建議也可以誇讚幾句，像是：「寶貝……你好棒，摸得我好舒服！」、「我最喜歡親愛的摸我這裡了！」通常只要前戲愛撫得好，身體和心靈就會達到較敏感的狀況，等到高潮來臨時，快感也會倍增。結合後的活塞運動或其他運動，道理也是一樣，無論是位置、姿勢、力道、節奏，其實都可以由女生來主導，由男性來配合。

先學會愛自己才能愛別人，這句話套用在性愛裡，也十分貼切。女性在高潮之前要能融入性愛的氛圍裡，除了要喜歡自己、了解自己，讓身體仔細去感受之外，心靈也必須徹底放鬆，不要有太多顧慮才行。「親愛的，你會不會被我的叫聲嚇到？」、「我的表情會不會太過 OVER？」之類的問題其實都不需要擔心。此外，在做愛時也可以偷偷來點性幻想，有助於妳更快進入狀況，但建議對象是男明星、男偶像就好，若幻想的人是自己生活周遭的人，萬一高潮接近不小心呻吟出名字或稱呼，可就糗大啦！

♥ 沒高潮可不全然是男人的錯

女人不管是在心理或是生理上，各種反應都屬於比較隱性的，

男人則趨向顯性。女人高潮與否，另一半未必都能看出來，但男人一旦高潮，另一半幾乎都能感受到。基本上，射精那一刻也差不多就是男人最愉悅的時候。儘管男人高潮如此簡單，但大多數的男性也不會自私地認為做愛就是自己有舒服到即可，這也是我們前面曾說過的「假如由女性來主導性愛，許多男性也會願意配合」的主要原因。

對一些男性來說，在射完精後，女伴若沒有達到高潮，自己的心底也會泛起空虛感，甚至有些內疚。此時男性們會為了不知該怎樣迎合女性，抑或是讓女性達到高潮等問題而感到挫折，更何況還有許多男性「把女性的高潮看得比自己高潮還重要」。只有當對方滿足了，自己的身體和心靈也才能得到滿足，有了這層認知後，如果妳還認為性愛一事責任都在男性身上，是不是太不公平了？而妳是否也太小覷了自己在性愛裡的重要能力呢？

♥ 性愛，就該分工合作

無論男女，都希望在性愛過後，彼此皆帶著滿足的心情下床。加上這個過程若是開心的，就有助於兩人的情感。既然這樣，性愛自然就是兩人攜手合作的事，絕不是「全交給你了，好好伺候我吧！」的心態。簡單來講，性愛，需要分工合作，誰也不許偷懶。當兩個人都全心投入，希望對方能因為自己的努力而享受到性愛的快感時，那麼「迎向高潮」這件事自然就簡單許多。就算沒有高潮，兩人也會因為彼此投入，也盡力取悅、享受過，讓心靈得到充分的交流，所以整體的性體驗依舊是開心的。然而，做愛時該如何分工

合作呢？

　　具體來說就是「彼此投入、多多回應」。這裡我們提供幾個例子，像是：男性要負責活塞運動還要邊支撐體位，這時若還要撫摸胸部或陰蒂的話，就會手忙腳亂。此時，若女性也可以自己動手愛撫的話，因為自我了解的關係，效率反而更好。此外，要轉換姿勢時也需要兩人一起合作，女性千萬別當死魚或木頭杵著不動。還有在做各種結合運動時，除了男性在動之外，女性也可以做反方向的運動來回應對方，讓這份互動產生更深入、美好的結合感。掌握這些道理，遇到該出力的情況不吝於出力，就能因分工合作創造出美好的性愛關係。

17
性不該
視而不見、避而不談

　　我們總是鼓勵談情說愛，卻不敢高談闊論地聊性。性其實是件很重要又自然不過的學問，但是在台灣社會裡卻仍相當隱晦地，避而不談。

　　其實多數台灣人心底對性是充滿求知慾的，但卻因為世俗眼光，把性這件事藏在心裡深處，不敢隨便拿鑰匙來開啟，更不敢跟人分享。正確的性觀念和知識，不僅有助於兩性相處，也能幫助身心發展，甚至在結婚生子後，更能正確教導後代，增進親子關係，對整個社會來說都是好事。若只是一昧地視而不見、避而不談，反而容易衍生問題。

　　在這個篇章裡，我整理了一些大家最喜歡發問、也最容易誤解的迷思，同時還原性的良好本質和真相，讓大家從此不再困擾！

迷思  ：做愛可以當成運動來消耗熱量？

　　不少人認為「做愛是一項可以減肥的全身運動？」不過老實說，做愛時沒在動的人運動到的部分一定比較少；在下位的人也比在上

位的人輕鬆許多。如果你做愛的頻率不高，活塞運動的時間也沒特別長，同時也不是一直處於出力狀態的話，那運動消耗的熱量是相當有限的。就算是雙方都有在出力，根據許多研究指出，做愛消耗的熱量大概也就只跟走走路、散散步差不多而已。雖然性愛本身是件有益身心的運動，但對於減重的幫助並不是那麼大。

迷思 2 ：真的有一夜七次郎嗎？

總有許多男性朋友，對做愛次數的極限感到相當好奇，其實這個答案因人而異。假使把射精這個動作定義為做一次愛的話，平常身體狀況良好、有在健身運動的人，一晚做個兩次是沒問題的。或者隔數小時的休息時間，例如睡前兩次，睡幾小時後起來再做一次，也是能夠辦到。不過，這也只有在年輕的男性身上才較易發生。一般男性步入中年後，身體會出現明顯的疲憊現象或排斥反應，在沒有外力的幫助下，「一晚要很多次」就不太能夠辦到。

理論上，也許有少數的年輕男性是可以一夜做愛多次，但凡事過猶不及，適度最好。如果男生經常性地挑戰一夜多次射精，身體很可能會引發後遺症或在未來出現其他問題。做愛這檔事，最好是順從身體的自然反應，若雙方都已得到滿足，就應該好好休息。硬是要去挑戰次數，不僅快感與品質都降低，可能還會帶來不適感。畢竟性愛是重質不重量的，與其挑戰多次，不如好好地和愛人做一次能夠達到心靈交流的完美性愛。

迷思 3：男性會做春夢，那女性也會嗎？

這個問題的答案是肯定的，男性會做春夢，女性也一樣會做春夢，而且有一部分的女性可以在春夢中獲得身體的高潮。做春夢是一個正常的生理現象，可以釋放壓力，有益於生理與心理。有調查指出，越聰明的女性做春夢的機率也越高，同時春夢情境也比較豐富。這是因為想像力好、腦袋靈活、平常閱覽的事物多，刺激也受得較多的關係。無論男女，當我們採取容易摩擦到下體的睡姿時，做春夢的機率也會稍微提升。

迷思 4：性愛次數多了，陰道會變鬆？

女性陰道是種具有彈性與收縮能力的器官，的確會有變鬆的現象，但這跟做愛沒有太大的牽連，反而是因為年齡增長，肌肉本身會有鬆弛現象有關。人在接近中年後，肌肉彈性自然也就沒那麼好，此外每次性愛時，陰道都會根據當下情況，自動調整到最適合兩人尺寸的狀態。做愛時，若受到完善的愛撫與刺激，陰道內壁也會稍微充血，來增加陰道與陰莖結合時的緊密感；當做愛結束後，又會立即恢復原狀，這便是陰道的神奇特性。不過，彈性與收縮程度仍會因每個人體質差異而有所不同。

另外，生過孩子的女性，因為陰道口為了要讓直徑 10 公分以上的嬰兒頭部通過，陰道也會在極度擴張後，無法在短時間內恢復到未生產前的狀態。此時可以發揮耐心與毅力，透過飲食保養與長期的運動，例如跑步、深蹲、凱格爾運動等，來幫助陰道回復到產前的狀態。

迷思 5 ：男女生能一起高潮嗎？

　　只要有心，這件事當然是存在的。既然男性與女性都能夠高潮，沒有道理兩者不能同時發生。平常性愛時，男性高潮相對簡單，所以大多都是女性即將高潮或正在高潮時，男性才準備射精。也就是說，當女性陰道痙攣的時間和男性射精的時間有部分重疊時，就算是「同時高潮」。要一起達到高潮並不難，關鍵就在於要善用前戲，使女性身體徹底敏感化，沉浸在性愛的氛圍裡。

　　此外，高潮雖然是個很棒的境界，但其實只要雙方都能夠自然地達到高潮，即是圓滿的性愛體驗了，實在沒有必要去過度執著於同時高潮。有時候，彼此的高潮稍微隔著一點點時間差，反而能夠互相欣賞另一半高潮的樣子，好好感受另一半身體的反應，這也是一種美好享受。

18
不做愛的
10 大理由

· 性福導師說 ·

♡ 連半小時做愛時間都不給的人，又怎能讓家庭幸福？

♡ 性愛的可貴之處，在於兩個人之間的互動、交流

　　不少男性在和朋友聊天時，會喜歡有意無意地擺出讓別人認為「我在那方面很行、我還行」的樣子，但仔細深入了解後，會發現這樣的人其實生活壓力大，和另一半常過著半無性的生活，甚至與伴侶之間的關係冷淡，有分手危機，這種問題其實還滿常見的。

　　性愛原本就是件讓人覺得興奮與喜悅的事，在枯燥乏味的生活中，有美好的性生活不僅可以讓自己感到幸福，還能調劑身心。可是許多三十到四十多歲有另一半的上班族，卻常出現抗拒性生活的現象，這究竟是怎麼一回事？「我不能做愛的理由」是不是真的無解？

　　在我的臨床經驗中，常遇到這類案例，經過分析後，發現個案在性生活上常常有以下拒絕做愛的理由：

1・「明天要開會，無心做愛。」

2・「明天早班，睡覺吧！」

3・「工作壓力太大。」

4・「回到家仍有工作要弄。」

這四種理由，算是工作忙碌導致無法和伴侶做愛的典型說詞。有的公司的確事務繁忙，但以台灣人的性愛習慣來說，其實找機會做愛，也只要撥出 30 ～ 40 分鐘的時間而已，只要扣掉上網、看電視、玩手機的時間，應該都辦得到。若是再把做愛融入洗澡或是睡前談話之中，就又更不耗費時間。

如果是非常態性的加班，工時過長，隔天又要早起，那麼「不想做愛」，相信伴侶是能夠諒解的，但若是常拿加班當理由，讓做愛次數屈指可數，就太傷另一半的心了。不過若「真的這麼累？」其實也可以考慮換個工作，畢竟連半小時都無法撥給另一半的人，又怎能讓家庭幸福呢？「什麼是人生中重要的事？」建議這些人該衡量一下。

5．「想直接來，不想調情。」

6．「睡覺前一刻都還在玩手機。」

如果伴侶用這兩種理由來拒絕做愛，一則是懶，二則是被其他事情給分心，比起前述四種來說相對沒那麼嚴重。建議想要做愛的另一半不妨主導所有氣氛和前戲，相信只要精心準備，投其所好，也能讓對方重拾熱情甚至反客為主。

7．「怕吵到小孩，別做了吧！」

有的女性在生產完後，因為身體虛弱、荷爾蒙改變，會暫時不想行房，這是正常現象。不過若孩子已經滿三歲，建議就要和孩子分房睡，以免孩子在性萌芽時期，因為看見父母的房事而性方面過於早熟。和孩子分房睡，不僅可以訓練孩童獨立，也可以保有夫妻之間的甜蜜生活，因此兩人應該同心協力解決這項難題。

8．「做愛時間談不攏。」

9．「家事做太多，要做愛就懶……」

性愛是自然之事，不需要用時間去規定，雙方只要一有空，氣氛對了，隨時都是好時機。當然，家事也絕非一個人的責任，尤其在雙薪家庭居多的現今，家事一定要一起分擔、幫忙。無論男女，建議平時都要有主動做家事的習慣，這才是真正的盡責。如果「家事真的做不完」也要捫心自問：對屋子的事是不是太過於執著了？又或者只是想逃避性愛而已？

10・「看Ａ片ＤＩＹ比較不麻煩！」

性愛的可貴之處，在於兩個人之間的交流。藉由互動，可以增進彼此的親密度，深厚感情。至於看影片，則屬單方面發洩慾望而已，伴侶不在身旁時，偶一為之，無可厚非。然而當伴侶也有需求，卻用這種方式來逃避，未免太過傷人。想要有自己的私人時光無妨，但還是得先騰出些時間，好好經營兩人之間的親密關係，否則失去的，可能不只是性愛的世界而已。

其實適度的性愛，時間不用拉得太長，而且在做完後不但身心舒暢，壓力也能紓解，還會睡得更好，培養更多精力。會懶得工作、懶得運動，最後連做愛都懶的人，其實不是沒有性慾，只是覺得做愛「太麻煩」，不但要先讓對方開心，還要對方答應才行。也有一種狀況是，兩人在睡前鬧彆扭，當一方想回頭找對方做愛時，還得先道歉、求和，低聲下氣地懇求對方一番。此舉似乎沒面子又浪費時間，倒不如自己解決還方便許多。

親密關係本來就該用心經營，如果經營得好，小倆口情比金堅，生活中的難題自然會迎刃而解。不做愛的問題如果放久了不管，可能會因為沒有互動，使兩顆心漸行漸遠，等到性愛只淪為傳宗接代或發洩性慾時才做，不但過往的愛火會消失，進而也會發生婚姻危機，不得不慎。

19

性生活的經營管理

 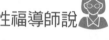
♡ 性生活是家庭企業裡的營利商品
♡ 性生活也是下了班的另一個職場

　　我們常說婚姻需要經營，其實，婚姻裡的性生活更需要經營！假設把性生活當作寶貴的事業來看待，那麼「你」這個個體就等於在做生意一樣。家庭若是一間企業，性生活應該就是企業裡最重點的營業項目了。一般公司靠賺錢來成長，家庭則可倚賴美滿的性生活獲得許多幸福，有了滿滿的幸福感，整個家庭就會越來越茁壯、越來越穩固。

♥ 家庭和性生活都是事業

　　夫妻是家庭的根本，也相當於總裁、執行長的角色。夫妻彼此的觀念了決定家庭，也就是企業的風氣與特色，因此一個家庭會走向怎樣的發展，兩個人可說都有責任。一個美滿的家庭，每個人定義都不同，有熱鬧、有恬靜，也有浪漫與溫馨，但如果讓我來說，我會希望自己的家，是個有熱血、有溫度的家。一個有熱血有溫度的家，裡頭的成員一定會彼此關心、互相了解。這樣的家庭在遇到生活中的各種問題時，比較容易以彼此體諒、相互包容，並且積極溝通，以不計較付出的方式來度過難關，是非常理想的家庭。

平時在職場上，我們會注重同事之間的相處，大半因素是希望在處理公事時，都能夠順順利利、和樂融融。家庭的經營其實也一樣，如果每天都能夠撥出固定時間，和另一半或和家庭成員好好相處，氣氛自然會好上許多。具體來說，像是主動做家事、主動關懷伴侶、和伴侶一起進行休閒娛樂、參與社交活動，都是不錯的方法。有孩子的人，還可以主動多擔待些陪伴、教育小孩的事情，除了能拉近親子關係之外，也會讓另一半打從心底感激你，或是覺得你是個很有魅力，令人感到榮耀的配偶。

♥ 性生活的重點業務是……

勾勒出家庭的輪廓，也就是企業整體形象出現後，接下來要注重的，便是可以帶來極大產值的「性生活」。性生活是企業裡的獨特商品，做得好，大家就感受到溫飽；做不好，企業就有隱憂與煩惱。如此重要的東西，自然不能不知道其經營的訣竅！性生活不是只有做愛這件事，營造充滿情趣的氛圍，也是經營性生活的一大事項，而些都得從生活中的各種小細節做起。

平常在外忙碌奔波，上班結束後回到家裡的路上，不妨想想看能為另一半做些什麼？或許幫忙買晚餐，也或許可以故意比對方提早到家，親自動手作料理給他來點驚喜。再簡單一點可以是買個小甜點、買束鮮花，或帶對方喜歡的東西回家當小禮物，同時親自獻上並告訴他：「今天工作辛苦了！謝謝你為家庭的付出！」聽到這話，對方想必一定會覺得你相當體貼，晚上就寢時，也許不等你開口，另一半自己就先撲上來了。

如同與同事之間時常會有的團隊默契，總需要靠長時間與大量的經驗來磨合，以增加彼此的合作默契。性生活也是一樣，我們可以把它想成是件團隊任務，單靠自己無法完成，為了能夠獲得珍貴

的幸福，必須要和另一半好好進行才行。

　　你也可以把性生活想成是出去開發業務、向客戶提案。但在這之前你得要先花心思去了解對方的喜好、理解對方的需求，如同做 SWOT 分析一樣。若是伴侶一時拒絕你，也不要太灰心，看情況偶爾來個死纏爛打，不厭其煩地示好、提案秀出優點，也許伴侶最後就會點頭了。不過也要注意，當另一半總是拒絕或否定你時，可能就代表著觀念有落差，或是做法有問題，這時候一定要尋求諮商或是找出解決之道，才不會讓「性生活」這個營業項目，拖垮整個企業！

♥ 性生活是下了班的另一職場

　　在職場上我們需要全力以赴，才能應對所有的情況並得到上司的肯定。其實下班回到家的時間也是一樣，如果總是腦袋放空，回到家就只想休息，家庭關係便很難有正向成長。此時就算賺了再多錢，放空的關係走到最後也都是徒勞無功。在性生活上尤其如此，絲毫的懈怠就會造成疏忽。

　　對於性生活的經營，我們大致可以把握幾個要點：多了解伴侶的想法、多體諒伴侶的問題、多花費心思在性愛上、多多創新與思考、主動出擊並關懷對方。只要掌握這些，性生活想要過得美滿並不難。

　　對了，萬一在家裡待膩了，偶爾還可以來個員工旅遊，帶全家大小出去玩，或是來趟只有兩個人的甜蜜性愛之旅，都有助於紓壓，同時增進團隊的向心力。記得，將性生活的長久經營之道貫徹下去，不僅健康、家庭與性生活顧得好，獲得的成就感可不輸給職場的升遷呢！

20
不懂愛，
該怎麼做？

性福導師說

♡ 從愛情延伸出的性行為，不僅夠親密，還有快感
♡ 做愛是一個心靈與另一個心靈的肉體交流

　　以生物學的角度來講，所謂「性交」、「交配」是動物為了繁衍後代必定會出現的關係。許多動物透過本能來進行這個行為，當中沒有感情的牽絆，是大自然裡純粹的繁衍定律，這個時候的行為就稱之為「性交」。在生物或動物的交配上，我們鮮少使用「做愛」這個字，因為人類在繁衍行為的過程中，比起生物和多數動物更難能可貴的就是，在我們的大腦、心理和身體中，甚至是肌膚和神經每一寸都分布著感情。人類擁有自己的想法與意念，同時也不全然是為了繁衍後代而性交。人類與生俱來的思維、心靈和情感交流賦予了性更深層意義的，就是愛。

♥ Make Love ＝生理的結合＋心理的交流

　　「愛」可以是動詞、形容詞、名詞，但它往往無法有具象的解釋，於是兩人之間感情好的極致呈現，就是附諸行動的「做愛」。做愛，是將我們身上每一個感官按鈕開啟交融的結晶，雙方除了能感受到最緊密的肌膚接觸外，身體的每一寸神經也能帶給我們各種

細膩的感受。以愛情為延伸的性行為，不僅是肉體與生理的結合，更因為有愛環繞的心靈交流，相輔相成，才造就出完美的親密情感和快樂情緒。

幼兒期 → 接受愛　　青春期 → 追求愛　　成熟期 → 給予愛

如果我們把愛放大，不要只侷限在愛情裡，把人類一生與「愛」的關係，拆成幾個階段來看，每個年齡、性別、個性甚至人種，都能組合出不同的「愛的模式」。就算地域和民情風俗的差異，大致上都脫離不了「幼兒期（接受愛）、青春期（追求愛）、成熟期（給予愛）」三個階段，所以若把人的一生形容為學習愛的過程，一點也不為過。

幼兒時期，多數的時間裡，我們都是在接受父母與長輩給予的愛。這時候的愛是無私的、不求回報的，如果我們沒有這些愛，就無法延續生命。一到青春期，我們開始有了自己的思想，懂得自我想追尋的目標，開始進入了尋覓式的求愛階段。雖然在前一個階段，我們已接受過許多愛，但這時期我們對於愛仍然懵懵懂懂。我們邊追求愛，也邊認識愛，旅途中可能有歡笑，也有淚水。直到一定年齡，我們變得成熟，明白了愛的真諦，對愛已有深刻的了解，也開始懂得付出，這時我們一生學習的旅程才臻至圓滿。

我們還從中學到：愛，沒有固定形式，但卻存於世界上的各個角落裡。它可能在母親望著嬰兒的眼裡，也可能在情人之間互送的花束裡，或是在你從商店出來時，買給流浪狗吃的罐頭食物裡。這些人生階段所產生的各種不同感情，都能讓我們了解，愛其實沒有固定形式，而每一種不同思維所產生的愛的元素，樣貌雖不同，卻

永遠有一個共通點，那就是「交流」：一個心靈與另一個心靈的互動。

♥ 少了愛，又怎能做好愛

找出自己愛人的方式，平衡被愛的方式，逐漸在生活中摸索出體悟，自然而然地，當兩個人身體有了親密的接觸，就會明白需要用何種方式去做愛。因為愛的道理不會改變，發自真心的愛，透過體貼的心意與無微不至的愛撫，一定能夠讓對方了解情意，進而得到滿足。反過來說，如果少了心靈的交流，純粹只是肉體在運動，那就像沒有要繁衍後代的「性交」行為，而不是真正的「做愛」了。了解性愛中真正的本質後，我們還必須知道，在親密關係裡，性愛雖非全部卻也相當重要，但若能做好這件事，經營婚姻與家庭，都會變得簡單許多，這也是性愛的可貴之處。

假如愛是場表演，那麼精彩好看的內容，絕不會憑空出現。一定需要長期的醞釀與準備，才有可能創作出來，就像我們常聽到的「台上一分鐘，台下十年功！」唯有在平凡的日子裡，日積月累地醞釀出愛的能量，才能夠在每一次和愛人結合時，創作一場完美的愛情演出。

21
不要拿性愛
當冷戰籌碼

性福導師說

♡ 不吵架才是真正有問題的伴侶
♡ 爭吵也是一種溝通，但一定要化解開來

　　有哪對夫妻從來不吵架？從不吵架的夫妻等到感情變淡時，往往都不知道「冷掉」的原因是什麼，也摸不著對方的心思。吵架其實是一種常見的溝通，不吵架的夫妻才是真正的有問題。吵架表示雙方情感出現了問題，這時應該要理性地溝通一番，一起找出辦法解決問題，而不是越吵越兇或是故意激怒對方，甚至吵不完延伸成冷戰。

♥ 「我再也不會跟你做愛了！」

　　冷戰是一種逞強，自己心裡明明很亂，還得強加掩飾。但是有不少人會利用冷戰來為自己出一口氣，或是用逼迫的方式來達到自己的目的。像是以「拒絕做愛」來威脅對方，或是常說出「如果不道歉就別想上床睡！」「我再也不會跟你做愛了！」等威脅言語。這類話就像是種「性愛冷暴力」，俗話說得好：「利刃割體痕易合，惡語傷人恨難消。」言語的傷害威力，往往比我們所想的還巨大，儘管時間流逝，遭受傷害的人每每回想起這些惡言惡語時，往往開

心不起來，而且始終耿耿於懷，因為它可說是最傷伴侶感情的話。

　　有愛才會爭吵，沒有愛反而不需要去理會對方，也就不用吵了，或者說根本沒有吵的價值。我們必須了解，爭吵也是一種溝通，應該要正面看待。生活本來就不會時常都充斥著歡笑，婚姻也不是每一刻都完美浪漫，有時為了柴米油鹽等事情而爭吵，這才是真正、美好的平凡生活。

　　吵架時，不妨靜下心好好想一想，你們的情感值得為了這些事鬧出裂痕來嗎？如果想主動釋出善意，好好地平心靜氣討論的話，不妨試試以下方法：

1、抒寫心情，用文字取代言語

　　帶有情緒時說出來的話往往很容易傷人，聽的人也容易聽不完全，或只有聽到片面（就聽不下去）。這時建議可以先停下紛爭，冷靜思考一陣子，試著去了解對方心理，轉換心態，站在對方立場思考，最後互相把想說的話寫在紙上或是寫封 e-mail 給對方閱讀，都會比再次用講的來得有效許多。

2、回想對方好的一面，另找時機溝通

　　避開對方，回想一下對方的優點以及對你好的那些回憶。在靜心思考的過程中，告訴自己「人沒有完美的，總是有優點也有缺點」。如果真的很看重這段感情，試著告訴自己應該包容對方或是做些讓步。一段時間後，可以在適當的時機，再好好開口跟對方討論，但要讓對方知道你有站在他的立場思考過了，並表明自己肯定對方的部分想法。

3、從背後來個「愛的抱抱」，表示重視

擁抱是愛意的展現，代表重視對方的感覺。在生氣時只要受到溫柔的擁抱，大多數人的心裡都會感到一陣溫暖，情緒也會變得平靜。尤其從背後擁抱對方時，既能大力的給予擁抱，又暫時避免看到對方的表情，也就不會太尷尬，這絕對是釋出善意、化解紛爭的妙招！

只要運用上述或其他對的方法，相信許多爭吵都是可以化解的，同時也不會傷害彼此的感情。千萬不要為了賭氣而說出狠話，或者拿性愛來當籌碼，否則一旦遇到固執的伴侶，就有可能連愛愛都不做了，導致開始習慣不碰觸對方，甚至厭惡起性愛來，那可是對感情的最大傷害啊！更甚者，如有一方藉此出軌、找小三，那這段感情連挽回都難了。

記得！試著在對的時機和好，反而是一種愛的表現。適時的放下身段給對方台階下，並不代表沒面子。總之，千萬別讓冷戰摧毀了愛情，也別牽扯到性事，不管彼此之間有多大的爭吵，學會透過一些親密的接觸來化解雙方一時賭氣的尷尬，有時不僅能為雙方的愛情加溫，也能更美好地相處下去。

22
有性，
終生有幸

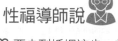

性福導師說

♡ 要走到婚姻這步，就不該將對方過度理想化
♡ 不溝通的無性夫妻，是臨床案例裡最常看到的

　　B 先生與老婆愛情長跑 11 年終於結了婚，在結婚前兩人一直很恩愛，性生活也很美滿，直到小孩出生之後，生活開始有了變化……

　　養育孩子與工作之事，產生了極大的壓力。日積月累，彼此想聊的話越來越少，負面情緒也逐漸堆積，此後兩人也漸漸有了摩擦，談話總是不對盤，動輒吵架、互相飆罵，最後也停止了性生活，婚姻狀況可說是一落千丈，跌至谷底。

　　其實我們身邊有很多的 B 先生，長期以來，我身邊多數的案例也都和 B 先生的情況類似。追根究柢，大致上都是結了婚後，生活變得緊密了，當兩人距離變近，雙方的缺點就顯得更加清楚。原本的浪漫，變成了柴米油鹽，生活上除了細節要磨合之外，彼此話題也只剩下孩子與日常開銷。當日子從激情變成平凡，感動少了，紛爭多了，最後也開始冷落了性愛這件事，逃避、不碰觸彼此身體，甚至和對方分開睡，親密關係幾乎蕩然無存。

♥ 無性夫妻的悲哀

無性夫妻在我們生活周遭其實很常見，當然，也不是每對無性夫妻生活都不美滿，也有少數因為信仰，逐漸成為無性夫妻卻仍生活得很美滿的案例。只不過，大部分的伴侶只要出現了抗拒性愛的狀況，通常後面就會引發一連串的循環式問題，上述的 B 先生就是臨床案例裡最常看到的。

然而，這類狀況還不是最無奈的，當發生無性危機時，若有一方仍渴望跟對方親密，但另一方卻總是冷眼相待時，那麼渴求親密的一方才是最痛苦的，除了連溝通的勇氣都沒有之外，長期下來，婚姻就很容易走向衰敗，甚至還可能發生以下情況：1‧以離婚收場、2‧發生外遇或一夜情、3‧藉由性交易的方式解決需求、4‧夫妻之情徹底消失，兩人形同陌路。

伴侶之間既然能夠結婚，表示兩人的感情一定曾經很好，若因無性生活而導致婚姻失敗，實在可惜。兩人會發生問題一定有原因，也許是一連串的爭吵與摩擦影響了性愛關係，也可能是原本的性愛就讓人乏味，且難以從中得到滿足，甚至是某一方出現了生理或心理上的疾病都有可能。總之，若婚姻發生了這類危機，建議還是好好面對、溝通，盡早處理，避免走向最壞的局面。

♥ 昇華性福婚姻的三心

1、心態改變：用心去感受

當我們發現婚姻出了問題，必須先好好整理出以前與現在的差別，去思考這樣的改變是不是必然的？是雙方因為忙碌而疏忽了什

麼？不妨細想想再和對方好好溝通。同時我們還要注意，婚姻就是共同生活，透過婚姻，會把彼此的一切看得更清楚，不應將對方過度理想化。人本來就不完美，所以才需要找個伴侶一起生活，若只會怪罪另一半和婚前不同，不僅無濟於事也可能會讓對方反感，使關係更加惡化。

2、心緒改變：用愛來溝通

結婚後，排山倒海的問題和生活壓力，往往會使伴侶們產生負面情緒，此時若學會處理情緒，就有益於鞏固親密關係。當彼此情緒不好時，先不要急著否定對方，應該試著交換立場，了解對方的想法。學會換位思考，多站在對方的立場看待事情，一起找出協調方法，就有助於婚姻和諧。此階段也要多發揮愛情的力量，除了多想想對方的好之外，也要讓對方知道你依舊深愛著他。只要感受到彼此的愛仍然存在，雙方通常都很容易退讓，進而攜手解決根本問題。

3、心動改變：用性來和解

性是伴侶關係中很重要的一部分，也是生活裡的一件大事，無論發生什麼事，性都會伴隨著我們。經過了前面兩大步驟後，當雙方關係不再緊張或冷淡，彼此也都有心要解決無性婚姻的問題時，就可以試著先從調情做起。從簡單的擁抱、單純的淺吻，再慢慢轉移到互相愛撫，在愛撫中獲得心靈上的交流與滿足，等到逐漸找回失落的感覺之後，最後就能試著做愛。畢竟性愛是婚姻裡最棒的小禮物，也是鞏固婚姻的基石，如果在這件事情上能夠找回往日的熱情，那婚姻狀況便能快速好轉，許多問題也能迎刃而解。

不做愛，
外遇反而名正言順

「男人在性愛上們究竟要什麼？請傳授祕笈給我！」

「啊不就是射精嗎？」

「不就是愉快嗎？」

「我知道是基本需求！」

「我知道女人要的性愛很簡單，男人怎麼這麼複雜！」

「要多變嗎？」

「性愛根本是為了讓男人外遇而量身訂制的事嘛……哼！」

　　一張翻白眼的臉，一副對女人而言性愛根本不重要；性只是男人想要、女人配合的樣子；她選擇敷衍性愛背後的真正意涵。小嬋35 歲，家庭主婦，婚齡 11 年，無子。她有雙清澈的眼睛、高挺的鼻樑、如水般的嘴唇，性感得連女人都想多看一眼。「水郎嘸水命」我腦裡直覺閃過母親看著電視時經常說的一句話。

　　「性是愉悅的，但我從來沒感受過。」小嬋像塊木頭一樣，臉上的表情顯得僵硬。

　　「換個角度來想，妳認為所有女人有著一致的想法嗎？」我皺著眉頭問。

　　「我想，應該不是的，但像我一樣症狀的案例應該還是有的

吧！」她開始哭。

「有可能。都是性愛的錯吧？」我回，然後停頓了一下繼續往下問。

「當初嫁給他，是因為婚前健檢驗出先生有少精症，我以為少精症應該不會重視性生活，而且婚前我們也不斷的試，怎麼試都失敗，我真的超級無敵怕痛！婚後仍然沒成功，直到有一次先生很生氣的吼著說：性對我生命而言，非常重要，我可以壓住食慾，但我壓抑不了性慾。當時的我被嚇得不敢發一語，過沒幾天去請教醫生朋友，她拿了潤滑油和麻藥讓我帶回家試，奇蹟似的成功了，但我仍然無法感受性愛的美好。」淚水蜿蜒的流著說。

「渴望性愛對妳而言很遙遠嗎？」我又皺著眉問。

「嗯！每次做的時候真的超級痛，我認為自已被朋友騙，最後實在沒辦法，只要先生有性需求，我會拿棉被蓋住自己的臉，邊做邊偷偷流眼淚，怕被先生發現我的痛苦，想不到終究騙不了他。」小媁啜泣地說。

「那妳是為了想懂怎麼在性愛裡不痛，還是為了其他的事而來？」我問。

「去年發現先生外遇。」她用不到一秒的時間說完這八個字，臉部無法掩飾的痛苦，閉著脣，無聲的哭泣，淚流不止的情緒表現。

我對小媁極大的情緒開始產生擔憂，這時候所有的安慰的話可能都是多餘的，或甚至幫不上忙。於是，我開始沉默不語，等她將眼淚流乾。眼淚不違背這一刻的等待如時間一點一滴的流逝，小媁隱瞞不了的脆弱，讓我看見她需要有人懂先生外遇的委屈。她咆哮地哭泣，心情冷卻下來後，我開始處理她內心的痛苦。

「妳是怎麼發現這一切的？」我語帶沉寂地問著。

「從前年開始，我們幾乎完全沒有性接觸，我心想個幾個可能，是他老了不行了？長大懂事了？性需求下降了？結果，並不是！今年他生日那天，他喝得爛醉，手機螢幕跳出一個女人在簡訊上談愛說性。當時我晴天霹靂，腦筋閃過離婚、自殺、找對方理論等負面的行為，結果我選擇祝福，提出離婚的選項，但先生竟然不要。」小媁憤怒的解釋著。

「那為何他不想離婚？」我問。

「先生說，我只是在外面找一個女人做妳不喜歡做的事而已，為什麼要離婚？」小媁又開始啜泣地說著。

「聽起來，先生說得頗有道理，不過這話似乎還有更深的意涵。他知道妳來這裡嗎？」我趕緊的問著。

「嗯，他在旁邊的超商等，因為不是他的問題，全是我的錯。」小媁點著頭擦著鼻涕指著外面說。

「妳願意讓我和先生談談嗎？」我問。

我認為小媁不是真正的想離婚，只是找不到正確的溝通模式，不清楚婚姻包含了性愛。盡頭已到才開始思考路程，但體力已花盡了，維繫需要一番功夫。沒有孩子的婚姻，談離婚並不難，難離的是情分，但是男人想要婚姻又想維持家門外的性伴侶，這樣做根本不合理。

先生坐在會談室沙發，一開始不願多說，只有小媁不斷的抱怨。後來她的話激發了他，便無耐地說：「當我老婆真的很幸福，我沒有要求她工作、做家事、煮飯、服侍公婆，後期她不喜歡性愛，我也不勉強，只要求她維持外在的美麗，一起當個人人羨慕的夫妻就

夠了。我知道，我都知道妳們女人認為我精蟲沖昏頭，但老師您知道嗎？我以前可以不吃不喝不讀書，就是要自慰，性在我的世界排名第一！我的青春年華浪費了十年，再繼續無性日子，我就要不舉了。現在好不容易遇見一個不會吵著要我離婚，又願意和我一起享受性愛的女人，為何要為難我？你們真的了解我的內心世界嗎？」

男性若無伴侶，性慾通常會透過雙手加上A片來解決，但日子久了心裡難免還是渴望與女性交歡，否則性產業就不會一直存活在世上。對男性而言，無性婚姻累積久了，看似是無性愛，其實是沒了自己，自然容易有外找的念頭，因為一起躺在床上卻沒有親密行為，這種關係說出來總有種不真實感。通常，性是用來感受彼此更深層的愛的行為，並非只是用說的就好，需要行動和現實感。也就是說，性需要愛，愛也需要性。

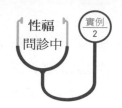

陽萎的心病

「老師，這是我十年來，研究的男性性功能醫療資訊。」

「咦？原來爺爺您是考古學家！所以，想分享陽萎這二個字困擾在心的故事嗎？」

「老師，我這輩子年紀過一半了才開始重視硬度的問題，最近老婆摸著都無法有感覺，吃過很多的中西藥，看過很多的醫生都挺不起來，我為了不讓自己陽萎，每天打開報紙第一件事就是看副刊有沒有不陽萎祕笈，要是有這二個字的報章雜誌，一律剪下來貼在這個筆記本上。當我和老婆要做愛的時，就會想著報導上所有的警告語。現在糟了，老婆都用斜眼還看著我的陰莖，還質疑我是不是在外面有女人，在外面用光了，都不留給她。我只能回老婆説，我現在連ＤＩＹ這件事都不敢做，硬也硬不起來哪有機會外面用，被老婆冤枉就算了，自己一點自信也沒有。」

　　振生爺爺，68 歲的退休教師，結婚 45 年。

　　「我想預約諮詢。」他帶著口罩、帽子來到中心，不敢正視櫃檯人員，頭低低的說。

　　「阿伯您是感冒嗎？外面大熱天，您這樣不熱嗎？外套又口罩的。」他慌亂又手抖，讓人忍不住開口問。

「我覺得如果等一下有人進來，會認出我的樣子。」他東張西望的緊張模樣，擔心被其他人看見。

「採預約制就是為了重視您的隱私，快脫下那一身悶熱裝備啦！這個時段只有您一個人。」

到了會談室，振生爺爺頭低低地從包包拿出一疊報紙，分享了他收集十多年的資料剪報。此時，我停下問問題的程序，反而想先瞧瞧他要和我分享什麼驚天動地的愛情故事或重大歷史事件，結果……第一份陽萎、第二份不舉、第三份不硬、第四份香蕉男……我驚訝到已經沒有力氣翻第五份了。心想，會談了上千人，第一次遇見搜證能力這麼強的人，我想開啟他的笑容，還指著西元 2000 年泛黃的聯合報醫療篇，搞笑的誇讚他考古的能力，然後他才一口氣說完他似乎累積一輩子的遺憾。

振生爺爺天生愛亂想，對很多事情都採負面看法，經常認為什麼事情都不會有好結果，也曾看過心理師，盡可能調整自己的想法。他會無止盡的將所有糟糕的事都放到自己身上，大約 19 歲時養成了閱讀報紙習慣，而且不能挑文章或專欄，大小事都要關心。後來，他愛上閱讀副刊的健康與愛情相關系列報導，若與「陽萎」有關的報導就會特別 讀二次以上。不久與女朋友第一次約會，牽起手就會興奮勃起，想起報紙的報導就會陽萎軟掉，一直在軟掉與勃起之間打轉。終於，他在結婚該成為男人的洞房花燭夜，提醒自己該「一硬就插」。

媒體傳遞資訊最初以提供消息為主，但人類卻將資訊解讀成各式樣貌，甚至產生奇怪邏輯，做出對自己不利的結論。斷章取義讓自己大腦產生亂象，理智干擾感性，結果沒了自己。連在性愛上都

無法做自己的男人，該讓人心疼？我想他是因在意而失去自尊，因失去自尊而挫敗。

　　最後，振生爺爺上了一堂性迷思的課程後，才了解自己是心因性陽萎，原因是「性擔心」、「恐懼衰老」這二個概念。後來我請他回家做功課，同時也從課程中讓他了解，一硬就插很傷女人的心。只要是男人，性器官都會衰老，每位男人都該多學一件事，就是找到一個對的方式保養性器官，好比汽車電瓶一樣，太久沒開就要偶爾發動一下，閒置太久難以啟動就算了，嚴重者還需要整組換掉。想延遲熄火，就快去動起來吧！

Woman 女人

外表

1

女人性感度、
好感度都要 UP

性福導師說

♀ 長相不是重點，幽默感完勝外在美
♀ 眼神與笑容是傳遞好感訊號的祕密武器

　　可能有人會認為，只有那些長得漂亮的女性，男人才會渴望和她們發生關係。但其實不然，長相並不是唯一可以吸引男生的重點，只要掌握住某些要領，每一個女生都能夠發揮出潛在魅力，吸引男性來追求自己，甚至把你當成性感女神！

♀ 利用百貨公司樓層分布的理論，來裝點、襯托自己

　　大家有想過百貨公司的一樓為什麼多是珠寶和化妝品嗎？因為在陳列上，珠寶與化妝品的擺設可以讓整個樓層看起來高貴典雅。想想，如果一樓進來是大型家俱或其他生活用品，那感覺就與一般賣場無差別了。以經濟學大師邁克斯賓賽的理論來看，百貨公司的一樓，若是能顯出高貴的氣氛，就像是傳遞了一個訊號：「這間百貨公司是高檔的。」當顧客在進到一樓時，就會接收到訊號，進而產生想逛完全部樓層的念頭。同樣道理，女性的外在裝扮就像是百貨公司的一樓，懂得發出「我很不錯、我很好」的訊號，才能吸引男性來注意你。

♀ 眼神與笑容是祕密武器

　　人類透過眼神的交流，可以傳達許多複雜的情感。並非只有眼睛好看或大眼睛的女性才能暗送秋波。例如當一男一女在聊天時，女性配合話題內容，自然地流露出崇拜又專注的神情，這對男性來說就很有致命吸引力。同樣，笑容也是一項犀利的法寶，根據一項日本網路上曾做過的女性武器調查來看，比起眼淚，笑容才是更能擄獲男人的武器，同時又沒有副作用，懂得善用笑容的女性，異性緣一定很好。其中微笑除了是好感的訊號之外，也是心情的傳遞，這不僅會讓人感覺你好相處，也會想更進一步親近你。

♀ 內在美的矜持與內斂

　　能夠時常流露矜持與嬌羞特性的女人，也很容易吸引到男性。尤其是適當地拿捏彼此間的距離，最能激發起別人對你的渴望。反之，若常喜歡在男人面前表現出自己個性外放、能力很強、行情很好、追求者眾多的模樣，反而會弄巧成拙，讓男人退卻，對你敬而遠之。

♀ 自然而然的善良與貼心

　　Happy Wife, Happy Life，有快樂的另一半，才有快樂的生活。男人都喜歡心地善良的女生，加上貼心代表善解人意、會替他人著想，這也代表你是個懂得換位思考、不吝嗇付出的人。試想，誰會希望自己在愛情裡過得苦哈哈呢？每個人都希望伴侶是個會為自己著想、快樂且願意對等付出的人。善良與貼心這兩件事，做起來不難，卻是個可以讓女性在男人心目中大大加分的特質。

♀ 女人的幽默感，完勝外在

如何讓別人看見你就有好心情？很簡單，就是幽默感。當一群人在一起時，我們可能會因為某人不怎麼突出，進而對某人興趣缺缺。不過若是能在人群中展現幽默感，用一兩句話把大家給逗樂，那麼你絕對會成為人群中最突出的人。每個人都喜歡天天擁有好心情，所以能夠時常散發出幽默感的人，是很討喜的。假如女人懂得幽默，也會讓男人覺得聰明大方，同時又好相處，進而想要更接近。

♀ 充滿誘惑的女人香

當人聞到香氣而感到愉悅時，通常就會產生比較正面的思緒與心情。男性對女性的感覺，也會被香氣給影響。好比我們在路上走著，突然聞到餐廳或咖啡店飄出來的香味，這時即便我們不認識這些店家，卻也會因為香味而產生好心情，並對該店家產生好感，最後更可能踏進店裡消費。女性若懂得運用香味來吸引男生，可說是非常重要的技巧。當然，有時不需刻意擦什麼香水，只是讓剛洗完澡後的清爽香氣飄散開來，此時若有男性經過身邊，就會讓他瞬間產生好感。

♀ 好聽的聲音和語氣

一位女性如果外表與儀態都很完美，說話聲音和語氣卻不好聽，那真是有些可惜。相對的，一個外在條件普通，但一開口就能讓人產生愉悅感的女性，就很加分。每個人生來的嗓子都不一樣，不能逐一要求其聲音都達到極其悅耳的程度，但至少可以藉由後天的練習，達到口齒清晰的發音與不疾不徐的說話節奏。除了聲音的

表現之外，和人談話時，語氣也相當重要。有禮貌、溫柔的語氣，可以讓人感受到尊重，同時也讓人覺得你很有修養，自然也就讓人更想親近了。

♀ 善於釋放反差魅力

簡單舉個例子。一位男性總認為某位女性很冷酷，但某次接觸後，發現她其實是個對人相當溫柔的女性，這時便很容易被她給吸引。一樣是「溫柔」，卻因為多了包裝在外層的「冷酷」來對比，進而魅力加倍。其他像是：「平常在團體裡總表現得精明幹練，但私下卻有糊塗出錯的時候」、「平常都戴隱形眼鏡，偶爾換成配戴眼鏡的造型也很好看」諸如此類的例子，都是能吸引男人的反差魅力。

2
女人就該
像水又像貓

性福導師說

- ♀ 女人要像水，新鮮多變，又能隨遇而安
- ♀ 學習貓的孤獨高傲和熱情貼近，讓反差魅力成為馭男術

♀ Like Water，女人要像水一樣

自古形容女性有很多種比喻，在東方是水，在西方則是貓。說到女人像水，在清朝知名小說《紅樓夢》裡，主人公賈寶玉就說道：「女人像水，男人像泥。」這是在說和男性比起來，女性總是令人覺得潔淨好看、有魅力，所以賈寶玉才喜歡整天往女人堆裡鑽。

♀ 水的重要性

女人要像水，就要先了解其「重要性」。水是地球上極重要的物質，是所有生命的起源，也是倚賴生存的資源。又或許我們可以說：在宇宙之間，有水的地方就有生命；在伴侶之間，有愛的地方就有性。女人若能做到對男人來說如水一般重要，可以從生活起居、三餐飲食、性愛等方面著手，只要男人覺得自己的生活、胃和性慾三者之中，都不能沒有你，自然就離不開你。

♀ 能新鮮多變，又能隨遇而安的圓融

　　水沒有固定的樣子，除了液態之外，有時還是固態或氣態。若把大自然各種水的樣貌都細數進來，像霧、霜、露、雪、冰雹等，又會更覺得「水」實在神奇，就如同千面女郎。女人需要時時保持新鮮多變，不要因為有了穩定的感情或婚姻，就不再注重打扮。畢竟走向老年，要打扮就變得困難許多，所以不如趁著年輕或中年，盡情展現女人多變的魅力，老了才不會感到後悔。同樣的，內在也與外在一樣，對最新的事物須時常保持好奇，別讓自己和社會脫軌。一個時時刻刻都在學習的人，自然會散發出一股魅力，所謂「滾石不生苔」，自有其道理。

　　水能隨遇而安，把水放在方形器皿裡，水就變成了方形；把水放在圓形容器裡，水就變成了圓形。這柔軟的身態和圓融的特質，只要是女人都值得學習。和人群在一起時，適度收斂自己的稜角，融入當下的氣氛裡，不要對周遭人、事、物，時常懷抱負面的看法，如此便能成為到哪都受人喜愛的人。

♀ Like Cat，像貓一樣的女人

　　據說女人喜歡男人像條狗，男人則喜歡女人像隻貓。西方人自古以來就喜歡把女性比喻成貓，甚至覺得貓咪古靈精怪或帶有不祥之感，所以貓也就跟著有些貶意。但時至今日，用貓咪比喻女人，幾乎都是取其形象神祕、姿態優雅、外型可愛、性格難以捉摸等特點，讓貓形象正面了起來。一隻會撒嬌的貓，無論男主人性子多麼剛烈倔強，只要「喵～」的一叫，再怎樣的鐵石心腸也要應聲融化。

♀ 學習貓的形象

貓表面上看來總是孤傲冷漠，但和主人獨處時，偶爾又會熱情地黏著對方，這種反差的魅力，不知迷倒多少人；女人也應該學學這種外冷內熱的反差技巧。尤其，當男人發現你在外面和別人總有些距離，只有和他獨處時，才展現出小鳥依人的模樣時，另一半會更加喜歡你、更加珍惜你們的獨處時光。

最好也要像貓一樣保持神祕，令男性感到好奇。雖說在感情世界裡，彼此坦然有助於穩定戀情，但也不是把所有想法都攤出來讓對方知道。當一個男人完全看透一個女人時，戀情也可能會降溫。試著別讓男人看穿，偶爾讓男人自己去發現兩人生活、相處時的驚喜，感情便可常保新鮮。

貓咪的優雅也是女人該學習的另一特點，貓總是氣定神閒地窩在家裡某一處，姿態優雅又安靜。女人也該記住，別讓自己在步入婚姻後，變成一個習慣大聲說話或嘮嘮叨叨的婦人。如果需要溝通時，一定要保持優雅的姿態，並且想個俐落有效的方法，才不會常因同樣的老問題而勞心勞力。至於保持乾淨整潔，應該就不用多說了吧！連貓都懂得排泄物要埋在貓砂裡，還會自己梳理毛髮，女人更不能輸給貓囉！

♀ 學習貓的智慧

和狗比起來，貓往往顯得較為獨立自主，不像狗兒一樣，總是在主人旁邊跟前跟後。偏偏男人也很吃這套，要是女人過於黏人，不懂得留給情人與自己一點空間，男人很快也會感到厭煩。不論是經營愛情或家庭，都要學習貓咪捕捉獵物的習性，靜靜地觀察事物；

表面看似漠不關心，其實一切都在自己掌握之中。平常則可以撒嬌或耍點任性，但也要懂得察言觀色，千萬不要踩到對方的底線。晚上和伴侶回到臥房休息時，更需要花些心思妝扮一番，如同貓眼一樣，盡情成為那黑夜裡最亮眼、最嫵媚的一顆星！

3
妳不是性冷感，
只是不敢

性福導師說

♀ 性慾低落不等於性冷感
♀ 自慰是一種心靈對話、自我探索，更能提高情趣

♀ 關於「性冷感」

「性冷感」男女都可能會發生，也是大家都不陌生的名詞。雖然常聽到，但大多數人卻一知半解，有的人甚至以為「性冷感就是性功能障礙」，這是錯的觀念。大致上來講：性慾低落，對肉體接觸感到不悅，並對性愛的事覺得恐懼、厭惡，以致於難以高潮，同時也感受不到性愛帶來的歡愉，便是性冷感。但這不算是什麼病症，性慾低落牽涉的層面相當複雜，除了身體、心理之外，還與外在環境、社會文化因素有關。尤其在保守的環境之中，心理因素更是導致性冷感的最大問題。也因此，這和單純的「性功能障礙」有很大的不同。

♀ 性慾低落 ≠ 性冷感

許多自認為有「性冷感」症狀的女性，在性功能方面其實並無任何障礙，雖然性慾不高，卻也不算是真正的性冷感。就像你坐

在餐桌前，有一桌滿滿豐盛的菜，但卻提不起興趣吃，這當然不是指你在吃東西方面有問題，只不過是你目前沒什麼食慾罷了。至於原因為何呢？有可能是肚子還不餓，也有可能這些菜都不是你想吃的。同樣道裡，多數性冷感的人，可能是和伴侶在認知或互動上有了問題，導致缺乏性慾，或是把親密接觸的事看得越來越淡。嚴格來講，只要找出原因，很快便能重燃性慾。

♀ 真正性冷感的人不多

很多男性朋友時常認為自己的另一半有性冷感，我聽了都會反問：「那你老婆或情人，從以前就一直是性冷感？」通常他們都答不太出來，要嘛是「以前不是這樣」，要嘛就是對自己的伴侶也未必那麼了解，有時甚至連當事人自己也不太清楚。儘管「性冷感」這個詞很常聽到，但真正性冷感的人其實比大家想像中的還少。我常遇到許多女性個案，多半只是因為不懂性、未曾體驗過性愉悅而導致沒有性慾，另外還有一部分是「性交疼痛」或是「陰道痙攣」的人，而這些人其實也有正常的自慰行為。加上他們可能只是因為不夠全面、正確地了解的自己身體，或是沒辦法和伴侶溝通，但不代表他們不想要享受性。所以我們提到的「性冷感」多半只是一種找不到問題答案時，胡亂推出來的解讀。

此外，甚至有不少人覺得自己對性愛有些冷漠，就自以為本身有性功能障礙而導致一連串心魔產生。其實在我的觀察裡，有許多人都只是因為心理作祟，或是不敢去面對根本問題，才拿性冷感當作逃避藉口。如果你還是可以感受到自己身體的渴望，只是因為不知道怎麼開口表達，進而累積對性事的冷漠，那麼，我建議該透過

一些方式，慢慢地拉開自己與「性冷感」之間，那美麗的誤會與距離。

♀ 揮別性冷感五部曲

第一步：認識身體，從自慰做起

　　自慰是很正常的好事情，也是一種心靈對話、自我探索。透過自慰，我們可以更加了解自己的生理與心理，也能幫助遠離性冷感。建議女性朋友們，多多探索自己身體的敏感帶，專心沈浸在當下身體的感受中，了解自己哪些地方、做法和情況會讓身心有感覺。等自我了解透澈後，便能跟伴侶溝通，也可試著和伴侶先做些親密按摩，藉由身體碰觸來引導雙方，用對方法讓自己產生快感，溫柔地愛撫性器官，等習慣後，兩人對身體的結合也就不會那麼排斥了。

第二步：營造舒適的獨處環境

　　營造浪漫舒適的氣氛有助於性愛體驗，記得！空間別太雜亂。柔和的色彩搭配微弱的燈光，就能創造出性愛前奏的氛圍。做愛前，若是進行一頓燭光晚餐或泡澡，甚至是稍微幻想性愛內容，也都有助於增加情趣。當然，除了換個環境創造新鮮感之外，也得徹底擺脫那些會令自己擔心或分心的事務，如此才能真正放鬆、全神投入，享受性事帶來的悸動感。

第三步：了解正確的性知識與態度

　　性愛是很自然的需求，關心它並了解自己的身心感受，建立正確的態度了解相關知識，才能慢慢找出適合自己的性愛方法，也才能用最健康的態度帶領伴侶踏進自己的私密世界裡。

第四部：吃的甜甜，心裡也甜甜

大多數女生的感知神經都是非常強的，會知道某些食物在心理層面上具有浪漫的形象，也能夠使自己融入性愛的氛圍裡，這對於改善性慾低落的幫助也很大。例如：紅酒、巧克力、甜點、水果，只要有這些浪漫元素，就能讓女性的性愛情趣大幅提升。

第五步：相信性福

想要遠離性冷感，當然，最重要的仍是：自己要相信「性」是美好的，性愛是人類延續生命和情感交流的唯一。如此才可能真正體會性愛的愉悅，漸漸地跟性冷感 say good bye。

4
床上
壞壞惹人愛

 性福導師說

♀ 要外表像天使，心裡住個慾望魔鬼
♀ 採取主動來領導地位並掌控性愛節奏

在傳統道德觀念裡，女人被標籤的形象多半是順從、被動的，因此不少女性在床上總是當個任由另一半指揮的乖乖牌。延續至今，女人在面對自身的性慾望時，總是極力壓抑，不太敢表現出來。在床上主動的女性，有不少也擔心自己會被定義為淫蕩或不守婦道，因而相當低調，導致內心無法完全放開，勉強將就在那似有似無的感覺裡。久了，不僅自己不快樂，對雙方的性生活也沒有益處，甚至使感情出現裂痕。

男人雖然樂意在性愛裡頭成為主角，但他們其實也希望女人能夠積極配合。不少男人表示，如果女人在床上主動一點、放開一點，便可勾起自己內心強烈的慾望，自己自然也會表現得更棒。既然有幸活在現代社會裡，女性也就該漸漸地拋開世俗眼光，盡情地做自己，傾聽自己身體的慾望、主導自己的身體。

記得以前有位男性個案來找我，他說：「我與老婆結婚三十年了，剛開始覺得老婆在床上很乖巧，也很順從，覺得挺不錯的，感覺就像自己可以完全佔有對方，擁有她全部的身體一樣。當時因為

年輕，只要自己想要就能勃起，性生活還算滿意。但日子久了後，總覺得性生活一成不變，自己年齡也越來越增長，性的刺激也必須越來越多才行。但我老婆還是原本的樣子，在床上依然文靜乖巧，甚至也從未主動向我表達性需求。有時我不禁會難過，甚至偷偷擔心……會不會她其實根本就不愛我，或是不想和我做愛？」

在導正當事人一些觀念後，我鼓勵他帶著老婆一同前來，透過指導讓老婆了解自己的身體，面對自己心裡的慾望。後來他才發現，原來是自己長久以來的錯誤想法把性生活給框住了，胡亂地把老婆定義為對性不感興趣的人，甚至還瞎猜老婆可能討厭做愛，同時擔心一堆沒必要的事。其實真正原因只是女方比較不主動，再加上諸多傳統觀念的束縛等影響，導致自己不太敢表現出性慾望。

像這樣的案例，在求診的個案裡層出不窮。其實每一個外表像天使的女人，心裡也都住個慾望魔鬼，也有各種性慾需求。關於性愛之事，不要害怕說出自己的想法，只要跟另一半做好溝通，互相用心感受對方身體裡的靈魂，才能創造出專屬於兩人的性福生活。

♀ 出得了廳堂，還要上得了床

其實臥房裡的生活，就如同廚房或辦公室一樣，都是女人可以盡情表現、努力耕耘的舞台。換句話說，只要抓住男人的性慾，也等於抓住男人的心。女性們在床上要學的並非是什麼奇技淫巧，而是該思考：「如何讓另一半對你充滿性幻想與性衝動？」在各種時候，女性都可以主動表達對性的需求，或是展現自身魅力，就算只是挑逗一下男人、純粹調調情也都能增加兩人的甜蜜感。在床上懂得使壞的女性，幾乎就能讓男人拜倒在石榴裙下，只要注意別做得

太誇張造成反效果就好，至於床上的魅力該如何表現呢？

1 刺激男人的視覺感官

　　視覺與嗅覺最能刺激男人，帶著這兩樣武器主動出擊，常常會有意想不到的效果。準備些性感的衣服或特殊裝扮，搭配些勾人香氣，利用沐浴完的香味或香水都可以。在做愛前就先找對方調調情，可以坐在男人腿上聊天，在耳畔說些悄悄話，接著親吻他、撫摸他。等到徹底點燃對方慾火時，即便妳掉頭就走，他也必定立馬乖乖跟在你屁股後面和妳進入房間。

2 善用簡單字句來輕聲細語吧！

　　人都喜歡得到肯定，在床上時不妨多讚美男人，當男人得到讚賞就會有動力做得更好，這對他或對自己都有好處。做愛時別一聲不吭，把精神集中在身體上，引導男人讓自己快樂，當身體感到愉悅時，就自然地發出聲音吧！男人可是非常喜歡聽這些呻吟聲的。性愛過程中腦袋裡有任何的感想，也都該鼓起勇氣說出來，就算只是隻字片語，對男性來說搞不好就正中他的喜好，不僅令他慾火加倍，也會更加愛你入骨。

3 用肢體動作領銜性愛

　　肢體動作是一種身體語言，傳達得好就有類似催眠的神奇效果。平常在生活中可以故意流露些小動作，像是輕咬手指、把頭髮往頸後撥、站著抬腳穿高跟鞋等。若和伴侶在臥房內，也可以做更大膽一點的動作，例如把手伸進內衣裡撫摸自己身體、舌尖反覆輕

舔嘴唇、按摩自己雙腿。在床上親熱時，身體更可以放開些，想舞動就盡情舞動。同時，也盡可能地告訴伴侶妳希望他怎麼做，甚至採取主動來領導地位來掌控性愛節奏，反客為主，讓男人享受另種被愛的感覺。

5
裸體
才不性感

性福導師說

- ♀ 裸體失去聯想，反而不美
- ♀ 找出專屬於你的性感

♀ 得不到的總是最美

男人是視覺的動物，所以多半都曾用眼睛「褻瀆」過身邊的伴侶，也幻想過伴侶淫蕩的樣子。別太驚訝喔！因為這行為可以大大滿足他們的性慾以及佔有慾，這幾乎算是種男人本能。男人在性愛上倚賴眼睛的程度絕對大於我們的想像，所以才會經常看到他們總是收藏一堆影片和寫真圖片，而且這些東西往往就會在某些時刻派上用場。可是女性朋友們也別因為這樣，就常常在男人面前展現裸體來吸引他們，因為「裸體」沒有你想得那麼厲害！

很多人以為「裸體」是最迅速又有效的刺激，可是有時候太快、太直白、沒有聯想性的事物，會令大腦沒有任何的想像空間。能一眼就看光光的事物，通常比不上若隱若現的東西來得勾引人心。這道理對誘惑男人來說也是一樣。在床上穿著襯托自己的性感裝扮，會使男人更期待衣服底下的一切，這遠比裸體還來得更令人著迷。女性應該學著找出自己的性感路線，為雙方創造新的感官刺激，讓

男人看了更「起勁」，房事才會更增趣味。

曾經有一位個案向我表示，在結婚時他突然轉頭瞄到當新娘的太太，這時新娘剛好把白手套戴上，那時他覺得很幸福，也覺得太太非常性感、美麗。之後只要看到太太戴著白手套就會莫名有股性衝動，於是就常常請求太太戴著白手套做愛。不過因為太太覺得實在太奇怪了，所以就要老公來諮詢。但其實這並不奇怪，用另一個角度看，反而應該感到開心，因為有多少妻子為了維繫和老公之間的性愛關係而花費許多心力。反觀，當妳只需要一個簡單的小道具，就能讓老公充滿動力，這不是相當幸福嗎？

♀ 比裸體還令人著迷的事物

曾經有位太太來求助，說先生對她失去興趣了，不曉得該怎麼辦才好？後來我們便請她的先生也一同來諮詢。意外地，她的先生非常體貼，也樂意配合。我們詢問先生既然以前能和太太熱戀，婚後也很幸福，為何現在會「性趣缺缺」？這位先生說，他愛上太太是因為有一天在辦公室看到穿著黑色絲襪的太太，令他十分著迷，就強力追求，婚後太太依舊穿著性感黑絲襪，所以沒什麼問題。但沒想到太太懷孕後，因為專心在家帶小孩，沒穿黑絲襪了，自己也就跟著提不起勁來。

通常已經養成這種「性趣」的男人，很難去改變他們的特殊喜好，除非他找到另一個使他更有「性趣」的事物。剛剛那位太太明白原因後，表示自己也知道先生愛看她穿黑絲襪，只覺得在家裡沒必要穿，沒想到竟導致先生性趣缺缺。可見，這世上真的有比裸體更具吸引力的東西！

♀ 找出專屬於你的性感戰袍

前面提到的案例其實非常多，這證明了要點燃男人慾火，赤裸裸的身體並非最佳解答。每個人的喜好不同，建議可以先找出自己男人喜歡的性感元素。雖然可以從他平常收藏的情色影片以及圖片來判斷，但建議還是直接問問當事人比較好，以免讓他覺得有種隱私被侵犯的感覺，或者妳不小心看到重口味的東西而嚇到自己。確認好風格後，購買相關情趣配件時，務必到比較專業的店裡親自試穿，以免尺寸不合，使美感大打折扣，或是買到劣質品又無法退貨。而且到店裡購買，還可以聽聽店員的專業意見，同時還能找出遮醜揚美的款式，讓妳的性感加分！所以女性朋友們，別再自以為脫光光站在另一半眼前就是性感了！

找到心理缺口，
才能真正修補關係缺口

「每次做完愛，總是覺得空虛。」她說。

「空虛是一種情緒或是心境？」身為性福導師的我問。

「都是！空虛讓我不喜歡自己。」

「那妳喜歡什麼樣的自己？」

「我不清楚，從小我就活在別人的世界裡，沒有自己。」

　　小俙與先生結婚八年，她看起來熱情且靈魂深邃，感覺不像是個空虛的女人。情緒是一種由外而內的感覺，心境則是由內而外。因為外在的刺激影響心情，會導致開心或難過。通常，做完愛後若覺得空虛，則需檢視情緒背後的成因。某些時候，男人在自慰過後也容易感受到空虛，那是一種生理釋放愉悅後的內在不足感。有此可證，做愛不全然為生理上的需求，還反應了心是名詞，象徵自我，而情緒則為形容詞，容易受別人影響，或許並非對象導致，但也可能歸咎於長期的親密不美好。

♀ 活得不像自己，幸福在哪裡？

　　「不懂！為何在先生身上找不到性愛熱情，我曾經為了思考這

個問題，孤獨的走在蘭嶼孤島長達八天，期待這幾天冷靜後的火花。帶了新的想法回到家，與先生談了三天二夜，終究還是沒有改善。」

當她說起這段時，眼眶開始泛紅。

「當時你們談了什麼呢？」我輕聲的問著。

「我們談了愛、談了性、談了孩子、談了父親。」她擦了眼淚很快的回答完。

「愛、性、孩子都屬於你們的共同的議題，為何父親也加在一起呢？」我好奇的問。

「我認為先生像父親一樣，當他靠近我時，我總是不自覺的往父親角色去思考，因為他呵護我、保護我、忍讓著我，我喊疼他就停，我喊累他就停，有一次我情緒一來，咆哮地說：做愛不想看到你的臉。他沒生氣也不敢表現委屈，只是接受。我們是在討論性愛，不是在討論商品，他怎麼可以沒情緒，性愛是兩人最親密的事。」她說著說著眼淚再次滴下。

「妳的性愛在理性與感性中打轉，同意我的詮釋嗎？」

「同意。」她不經思考的秒回。

「願意與我分享妳的父親嗎？」我問。

「父親，父親……與我的互動不多，在我心中他只是一個角色，沒話聊的角色。」小俙冷靜的表達著。

「我猜，角色對妳而言似乎是低迷與矛盾，我們能對沒話聊的人感到愛意嗎？何況還是個父親？」我試圖拆解小俙內心的矛盾。

「是我把愛想得太完美，又把性看得太理性，導致自己無法在性愛上感到熱情？」小俙停頓了一下後，用瓦解的心態面對我。

「是，妳的心渴望滔滔不絕的熱情，也被熱情綁架了，妳和先生談論過性慾嗎？」我急著回答，也期待更快速的找到新的討論。

「我知道先生每週至少會自慰 3 至 4 次，而我自己至少有 1 至 2 次。」小俙很坦然地說著。

「最後一次性愛是在什麼時候？感覺怎麼樣呢？」我悠悠地問著。

「和先生已經有長達三年沒有性生活了，我覺得好糟、好糟、好糟，從結婚到現在就一直想生小孩，小產過二次，後來就慢慢沒有性愛了。先生說過，沒有性愛或沒有小孩都沒關係，但我不行，我認為性愛和小孩都是婚姻最基本的連結。不知道為什麼，我和先生接吻總是不自在，當他抱著我時，我很想流眼淚，當他愛撫我時沒有性衝動，只有一種家人的溫暖。沒辦法再深了，就是家人、就是父親、就是一個角色、就是沒有愛情，在這八年的婚姻路途上，我就像活在一座孤島上，沒有其他路，進無步退無路。」小俙說到後來情緒潰堤的大哭一場。

在這個案例裡，彼此都有性慾的兩個人，卻無法共同享受性慾，到後來性愛已經不是性慾，反而成了一種責任或義務。尤其當有一方認為生活上不需要性愛時，那對於兩人之間的親密關係來說，是很殘忍的扼殺。

然而，對小產過的女人而言，內心糾結的總是「是誰的問題？讓孩子無法留下來……」在這種心理壓力下，就容易漸漸的開始嫌棄自己。許多結了婚的女人最害怕肚皮沒消息，伴隨著長輩、親戚友人給的壓力，加上低落的情緒，總讓夫妻關係一步步地走進危險

裡。在這樣的情況下，就算想要真正去了解性愛給人的愉悅，也都是困難的。

藉由每一次課程裡的「性心理了解」和「自我認知」，小俙最終找到她心裡的最大缺口，也一步步地調整、重建自己的親密關係觀念與性態度。面對傷痛，才是解決傷痛最大的根本。

性所依附的關係鏈從相處、生活日常的點點滴滴一路累積著，性生活不協調往往並不一定是單一事件衍生，很多時候生理的狀況更多是來自於心理的反應。生活沒那麼完美，更何況是結了婚後的生活，但愛情或婚姻的美好，有一部分正是在彼此的不完美中，找到平衡的相處關係。美好且愉悅的生活是身體重要的靈魂，想幸福或生育，都需依靠這份性愛的美善來前進。共勉之～

Woman 女人

肉體

1
協助男人
成為性愛高手

── 性福導師說 ──

♀ 別讓男人一昧模仿Ａ片
♀ 由妳引導他，讓他成為妳的專屬性愛高手

「我老公從以前到現在只會一個體位，每次他想要的時候，就趴向我，把我壓在下面，嘴先親個幾下，手開始摸一摸，就掏出他的寶貝。有時候要我先幫他愛撫，有時一開始就很興奮，常常我都還沒濕潤，他就急著放進來，害我痛得要命。做愛時也都只用男上女下的體位，十數年來如一日。唉……性愛生活實在乏味啊！」

在我的會談室裡，一位女性案例哀怨地跟我訴苦，她說婚後至今都沒有享受過美好的性愛生活，連我也不禁同情起她來。

♀ 性是與生俱來的天份，愛則是本來就要學習

大家常認為「食色性也」，性愛這回事就像餓了想吃飯一樣「哪裡需要學習！」有人這麼說。但事實上，美好的性愛，本來就要透過學習才容易達到彼此都想得到的共識，因為擁有正確的性愛觀念相當重要，不僅攸關自己，也影響伴侶一輩子的幸福。伴侶中若有一方在這方面無法溝通，總是我行我素，且不管對方感受，抱著不想精進的心態，那可就太過自私了。

因為工作關係，曾經主持過幾次跟性愛知識有關的座談會，裡頭有單身的男女，也有情侶檔和夫妻檔。有一次，一對參加過活動的夫妻來找我，男方是高薪的電腦工程師，過去忙著讀書和工作，從來沒交過女友。夫妻倆是相親結婚的，婚後因男方家庭急著要抱孫子，但是他又不知道該怎麼做愛，為了傳宗接代才開始看A片學習，但也是每次都弄得太太很痛。儘管男方努力學習影片裡的男主角，花了很長的時間做「活塞運動」，但兩人還是搞得非常不舒服，便選擇人工受孕。然而，很不幸地，連人工受孕也沒有成功，只好前來諮詢，求助正確的性愛方法。透過和太太的私下訪談，才知道其實太太過去是有過性經驗的，也知道老公的問題出在一昧模仿A片，只是實在不好意思表現出自己有經驗而來指點老公，於是就繼續將錯就錯下去。

後來在課程中，我們逐步教導這位先生，告訴他做愛前可以先做些有情趣的事，就算只是親密聊天也好。之後再從親吻慢慢到愛撫，務必放慢節奏做到女方滿意為止。尤其是女方的身體一定要達到敏感狀態，這樣陰道才會更加濕潤，進入時也就不會因摩擦而疼痛。另外也讓這位先生了解婚姻的本質不是為了生育。孩子是愛的結晶，是婚姻美好的附加價值，想要有個美好的家庭，仍應從善待自己的伴侶開始。畢竟女方若能在性愛裡得到愉悅感，自然就會想增加做愛次數，也就較有可能增加懷孕的機會。

♀ 如何讓你的男人增進性愛技巧？

性愛的技巧好壞，定義因人而異，畢竟每個人身體不一樣，每對伴侶的喜好也不同。但客觀來說，還是有些令身邊男人技巧變好的方法。

1、由女方引導男方

性愛時，只要女方能夠配合男方的一些要求，男方透過射精後大部分就能得到滿足。不過，女方的情況就較為複雜，只要一個環節不對，便很難進入狀況，遑論得到滿足。所以最簡單的方式便是由女性來引領男性，這樣雙方才容易感到圓滿。從情境的營造到說話調情，再到親密愛撫等過程，女方不妨通通表達給男方知道，仔細說出妳希望他怎麼做，當然，女方也勢必得先多了解自己才行。這方法需要些時間來累積經驗，但只要多做幾次，事前、事後多聊聊，相信男伴最後就能變成你專屬的性愛高手。

2、一起學習、充分溝通

在每次性愛之前，可以先稱讚對方上次好的地方，再說出希望能改善的地方。平常也可以一起聊聊性愛的看法與感想。有空閒時，多多涉獵專業書籍或是善用網路來尋找相關知識，這些都比閉門看A片來得好上許多。

3、透過專業指導，找到正確的性福處方

品質好的性愛離不開調情，若能把調情學好，性愛也會簡單許多。在調情方面，建議可以讓你的男伴多看些兩性專家的見解，並告訴他若和朋友在一起時，應該向朋友請教、學習些浪漫行為及情趣點子，別盡學些無意義的吹噓之事。在身體接觸的技巧方面，可以帶著他一起去諮詢性福導師。很多人都以為性福導師只針對有性交困難的狀況，才做身心靈建議與輔導，其實不然！在性愛方面，只要覺得有任何問題或不滿意之處，都能夠透過諮詢給予正確的性福處方。

2
讓性敏感帶
成為性感遊樂園

性福導師說

♀ 與伴侶建立信任感來探索性敏感帶
♀ 性敏感帶最和緩的是臀部，最刺激的是……

性敏感帶也稱性感帶，人的性敏感帶分布極廣，不受限於身體的某處。普遍來講，女人的性敏感帶比男人多上許多。除了這點之外，女人天生感性多過於理性，透過許多肢體語言來傳達的情意，都可以滿足女人心底深處的各種情慾，同時還能帶給身體舒適的感覺。因此女性朋友們若能掌握自己的性敏感帶，對於享受性愛上，將會有很大的幫助，甚至獲得原本數倍以上的歡愉感。

不過，究竟有多少女性徹底了解自己身上所有的性敏感帶呢？建議大家以後在做愛時，多多跟伴侶一起探索這些神祕領域，因為這可是一件相當值得做的事呢！

♀ 女人的性敏感帶，就是專屬的性愛遊樂園

若把女人的身體比喻成一個充滿神祕感的遊樂園，那每個性敏感帶，應該就是裡頭豐富的「遊樂設施」了。不過每座遊樂園的設施都不太一樣，就如同每個女人身上的性敏感帶都不同。想知道自

己的遊樂園裡有什麼設施，便得慢慢探索過才會知道。通常，女人身體的每一個部位、每一塊肌膚，從指尖到腳尖，都有著不同的觸碰反應。例如同樣是頸部，有人喜歡被撫摸，也有人覺得癢，但卻有人無感，甚至厭惡，不喜歡別人碰觸這個部位。你的性敏感帶在哪呢？就讓我們來認識一下大多數女人身上都有的遊樂設施吧！

♀ 女體樂園中最值得探索的遊樂設施

1、從天而降大怒神：腋下

遊樂園中載人緩緩上升，感受騰空樂趣和急速下降的快感，是大怒神令人又愛又怕的地方，而女性的手臂內側到腋下就是這樣的一個性敏感帶。很多女性對於腋下這部位，總覺得有些尷尬，羞於見人。但若能保持整潔與清爽的話，它可是很特別的調情器官喔！腋下的敏感度相當高，有些人被碰觸時會覺得癢。可是若能與伴侶建立起一定程度的信任感的話，針對腋下有意無意的碰觸，通常能帶來意想不到的銷魂感受。

2、三百六十度雲霄飛車：陰蒂

雲霄飛車可以說是遊樂園中必備的遊樂設施，也通常是最緊張、最刺激的一個。在女性身體中，最能象徵雲霄飛車的，自然是陰蒂了！陰蒂能為我們帶來強烈的刺激，以及騰雲駕霧般的快感。在一般的性行為中，很多人都會忽略陰蒂這個雖小但卻極為重要的部位。性愛時，男性在陰道抽插的過程裡，若能同步刺激陰蒂、愛撫陰蒂，帶來的高潮可以說是非常愉悅的。這絕對是女體遊樂園中，最不能錯過的遊樂設施！

3、浪漫一下摩天輪：背部

充滿浪漫氣氛的摩天輪，在遊樂園裡，總是情侶非常喜歡的設施之一。乘坐摩天輪並非追求刺激，而是尋求一份緩慢、安穩又甜蜜的感覺，這就好比愛撫女性的背部一樣。女性的背部在輕輕撫摸的情況下，能帶來如同乘坐摩天輪般的感受，這個刺激雖然不大，卻甜蜜又有趣。也就是說，在愛情裡除了波濤洶湧的熱戀感之外，也要有樸實、深沈的愛戀。同樣的，性愛也是如此。一股腦的快、狠、準不是最好的，適度放慢節奏，享受平穩的甜蜜，往往最能增進彼此的親密關係。

4、酥酥麻麻的海盜船：指尖與足部

有些人不喜歡海盜船，總覺得它把人懸得高高的，然後再用不疾不徐的速度往下墜，令人一顆心倍感酸麻。這有點像是指尖與足部被輕輕觸碰時所帶來的感覺，既不像其他性敏感帶那般強烈，但卻又令我們無法忍受、忽視。指尖與足部是我們最常觸碰外界物體的部位，裡頭充滿許多末梢神經，是觸碰物品時辨識度最快、感覺也最敏銳的部位。利用這種觸覺敏銳度來愛撫、調情，可達到酥酥麻麻的另種快感，更是性愛中不可缺少的一環。

5、童話般存在的旋轉木馬：臀部

遊樂園中最不刺激、最和緩的設施，莫過於旋轉木馬了。旋轉木馬對部分情人來說，是最有氣氛的地方。那股猶如童話世界般的氣息，就好比女性的臀部一樣，最容易引人遐想、討人喜歡。從臀部延伸到腰際，可以說是女人最性感的部位之一，這一敏感帶所帶來的心靈感知猶勝過觸覺感知，說是最美的性敏感帶也不為過。愛

撫臀部也有一種獨特的愉悅感，用手指輕觸並用手掌撫摸，各有不同感受。除此之外，還能使用輕輕拍打、小力揉捏的方式來調情，玩法多元也充滿著情趣！

　　根據研究報告，女人身上的性敏感帶可是高達五十幾個，絕不光是這僅僅五個地方，例如耳後、鎖骨、腳踝等。仔細找出自己的性敏感帶，邀請另一半來到妳的遊樂園做雙人探索，一起發掘更多的互動樂趣，相信一定會有許多收穫，同時妳也會是個真正懂得對自己好的女人。

3
來點酒，
釋放妳的羞恥感

性福導師說

- ♀ 酒是天然的催情劑
- ♀ 酒也是展現、釋放出另一個自己的好方式

　　酒的歷史相當悠久，和人類關係也非常密切，早在新石器時代，人類便已懂得用水果和大麥來釀酒。後來人類也陸續發現，酒不僅可以拿來喝，還可以用在醫療、養生，以及放鬆精神和產生快樂情緒上。例如在餐廳或社交場合裡，若開瓶香檳找人一起喝上幾杯，順便慶祝個什麼主題，就可以化解每個人的心防，同時還能開啟話夾子，拉近人與人之間的距離。因為酒有這種有益社交與娛樂的特性，所以在千百年前，就被拿來作運用。古代的希臘人和羅馬人，在酒神祭拜儀式裡，都認為喝酒就等於可以和神一起狂歡；在猶太教和基督教所重視的逾越節裡，酒也一樣扮演著重要的角色。所以每喝一杯，都有不同的意義，用來點綴當下不同的氣氛。

♀ 酒與性愛

　　酒在社交上能夠有重大貢獻，是因為它能夠幫助人們舒緩情緒與卸下防備心態，這有助於我們接受別人的搭訕，也讓我們更容易

主動與人攀談。同樣道理，換到性愛場合上，酒對兩性來說，更是天然的催情劑。在彼此相處時喝點酒，不僅身心放鬆，防備心卸下，還會覺得暫時擺脫掉苦悶的現實，眼前的異性似乎也變得更加好看、更容易親近了，這就像是迷濛的看著對方的距離，有時比清晰更能感覺美妙。帶著酒意聊天時，人較不會害羞，話題也更加多元，在這種情況下，自然覺得眼前的異性和自己好像非常聊得來，且能心靈相通。若是本來就互有好感的人，更是覺得此時此刻彌足珍貴，彷彿和好感對象產生了前所未有的情愫一般。

喝酒同時還是各種感官的綜合享受，不只嘴巴可以品嚐酒的味道，眼睛可欣賞到酒的顏色，鼻子也能夠嗅到酒的香醇氣息。據說，也因為這種感官享受有三缺一的遺憾，而有了喝酒時須碰撞酒杯聆聽悅耳聲響的習慣誕生。喝酒的綜合感官樂趣，跟性愛是不是很相像呢？也難怪許多人喝了酒以後，就會自動聯想到性！美酒搭配上一些情境，便是女人最好的催情聖品，很自然地，妳也會沉浸在一股浪漫氛圍裡，想要與眼前的伴侶再多親近、再多互相了解。

女性在性愛前，若先喝點酒，讓自己帶著微醺的好心情來享受性愛，不僅能讓自己放得更開，還可以使自己更加嫵媚。尤其一些平常在生活中，個性較為害羞、性格較不突出的女性，更可以藉著微微酒意，展現出另一個不同性格的自己，把一些平常比較不敢展現的一面，寄託在這另一個自己身上。具體來說，便是利用酒，讓自己在床上的表現變得更自然或狂野，徹底拋開那些無謂的羞恥感，進而展現出魅力。這招對於鼓舞男性或是讓男性更傾心於你，都很有幫助。此外就生理上而言，也有不少女性喝了酒之後血液循環變好、身體也變得更加敏感，這時在性愛過程自然也就更加美妙！

♀ 適合女性喝的酒

女性適合享用的酒有很多，不過受西方文化影響，紅酒幾乎是公認形象與女性最為搭配，也最適合女性飲用的酒了。紅酒含有大量的維生素和鐵質，對於體內的新陳代謝極有幫助，可以活血暖身，還能美容抗衰老。比起一些啤酒和烈酒來說，紅酒帶點微甜的味道可能也比較適合女性。除此之外，其他水果酒跟調酒也頗適合女性，尤其是梅酒，也受到許多女性青睞，相當適合平常較少喝酒的人。至於調酒的話，一定要先了解每款調酒的酒精濃度，才不會喝到讓自身無法負荷，也有礙健康。

♀ 再美好的東西，都不能過頭和過量

美酒能夠助興，但也可能敗興。懂得利用美酒來調情的人，必定是個受歡迎的性愛對象；反之，喝酒不知節制的人，便會令人倒盡胃口、退避三舍，這點無論男女都是一樣。喝酒前一定得先了解自己的酒量，否則一喝過量，小則呼呼大睡失去享受性愛的機會；大則出糗，做出令自己在男性面前大大扣分的窘態，甚至是被「撿屍」，那就欲哭無淚了。

女性也要注意，喝酒時一定要跟能夠與信任的人一起喝，才能夠盡興，也不致於有安全上的顧慮。此外月經期間若酒喝太多，也可能會加快體內血液循環，使身體出血量大增或是產生經痛症狀。所以喝酒時一定要多點留意並有所節制，才能達到最初運用酒精來幫助催情的美感；性愛的美酒是品酒，並非喝酒。

4
女人也要建立一個
性愛資料庫

性福導師說

♀ 女人腦海裡的情慾幻想，不輸給男性
♀ 從蒐集圖片開始，打造專屬的情慾桃花源

「女人應該學會跟自己做愛，解放情慾享受身體的反應，放開道德的約束！」記得過去在美國性學家 Betty Dodson 的性學工作坊裡，學到最印象深刻的就是這句話。時至今日，這理念我仍堅信著！性愛是兩性都有的需求，也是生活裡的重要大事，常納悶，為何男人在聚會聊天時，總是會聊到性、分享性，而女人卻只能在聚會裡吃吃下午茶，聊聊包包與化妝品？

♀ 給自己多點性幻想

既然兩性都有性需求，那麼性幻想便不再是男人的專利，女人也應當享有。說起來，女人的大腦應該再多裝點情色事物才對，這絕對會讓自己在生活中，更容易感受到性愛帶來的愉悅感。

曾接觸過一些少數女性個案，她們坦承自己平常就極容易有性愛的念頭，也常在腦海裡幻想各種令自己有感覺或是能帶來興奮的性愛場景。其中這些幻想形形色色，豐富程度比起男性，簡直有過之而無不及；但相反地，也有不少女性缺乏這種想像力。缺乏性想

像力的女性可能是本身沒有意識到這類事，也有可能是受到傳統觀念或外在因素給束縛、壓抑，但無論是何種原因，都相當可惜。

♀ 女人當然也要有讓人臉紅心跳的D槽

有聽過男人們聚在一起聊「D槽」嗎？D槽本來只是電腦硬碟劃分出來的基本空間，用來存放程式軟體以外的資料。後來因為許多男生總是把喜歡的成人影片、情色圖片藏在這裡，便被暗指為「18禁的私密資料庫」。除了電腦裡的祕密情慾空間之外，多數男性的房間裡也可能藏有外頭買來的各類寫真雜誌、漫畫或影音等收集品，甚至還可能有一些ＤＩＹ時能增添樂趣的玩具。一旦遇到空閒時，便可以盡情徜徉，享受一個人的情慾世界。

其實女性也應該學學這些事，建立一個專屬於自己的祕密情慾空間。有機會獨處時，便可如男人一樣，鑽進這個小天地裡，好好自我享受一番。

如今的情色工業相當發達，服務的對象早就不限於男性。市面上隨處可見各種給女性用的情趣玩具、寫真集，就連Ａ片也有專門拍給女性看的，裡頭男優不只長得帥，還有可愛型、俊俏型或肌肉型可供選擇。劇情題材也相當多元，像是純愛約會、校園、職場，甚至是女女戀，應有盡有。

♀ 開啟妳靈魂深處的渴望

如果不喜歡看真人版影片的話，目前也有許多成人動畫或漫畫可以選擇，只要平常多花些時間上網瀏覽，就會發現自己感興趣的題材或元素。一旦找到自己的興趣所在，妳會發現，那種感覺就好

像靈魂深處什麼開關被打開了一樣，幾乎可說是「發現了一個美麗新世界」一點都不誇張。

建議女性們可以從最簡單的蒐集圖片開始，像男生一樣，在電腦裡規劃自己的一些「性愛」專區，存放平常逛網路時喜歡的男明星或身材令你欣賞的演員、模特兒照等等，當然還可以存放影音檔，並且加以命名分類。如果是有什麼較特殊的愛好，也不要覺得自己太奇怪而作罷，畢竟這是一個屬於自己的私密世界，想放什麼就放什麼，自己喜歡最重要。只要記得，在這個世界裡，你最大，你就是女王，這個空間裡的東西都是為了滿足你的慾望而存在就好。

電腦裡有了點收藏後，再進階一點，還可以嘗試購買一些情趣商品來輔助自己探索身體。尤其現在網路購物非常發達，不少相關商品都上網就可買到，也不怕尷尬，加上商品外觀也包裝得非常隱密，寄送時無需擔心隱私的問題。

女人啊，不妨有個專屬於自己的性愛資料庫，不僅能培養情趣、保持自己的情慾，還可以讓自己誠實地面對身體，這也會令自己在和伴侶做愛時，更加融入狀況，甚至開始擁有自己對做愛的一套想法，妳也會因此而有機會讓自己與伴侶的性生活更加美好。

5
做愛對陰道的
四大好處

─ **性福導師說** ─

♀ 做愛未必能減肥，但確是另一種局部健身的好運動

♀ 保持做愛的頻率，能延緩性器官萎縮及衰老

　　不少女性總覺得做愛對男性身心影響比較大，好像男人若強忍著慾望，不定時給他發洩一下就很難受；以為自己身為女性，做不做愛就比較沒有影響，這觀念其實大錯特錯！

　　常做愛除了可以刺激大腦分泌多巴胺，讓人越做心情越好之外，還能帶給女性身體諸多益處。尤其是女人們最寶貝的重要器官──陰道，更能從中獲得許多好康。當然啦，前提是自己能夠掌握情慾，在最輕鬆自在的狀態下，去享受每一次的性愛體驗，如此久了自然就會有豐富收穫。

♀ 做愛的好處，陰道會知道

　　做愛除了有益陰道，對女性整體也有幫助極大。除了促進血液循環、幫助睡眠、鞏固親密關係這些好處之外，還可以藉由和固定伴侶做愛，來檢查自己身體有沒有出現異狀。有許多女性疾病，像是乳癌、子宮頸癌、子宮內膜炎、陰道炎等，都是在做愛時感到疼痛或發覺身體不對勁時才發現，而且不少案例還是由床邊的伴侶先

察覺的。

　　好在只要提早注意，這些疾病就不致迅速惡化。由此可見做愛這檔事，為女性朋友扮演了「健康守門員」的角色，重要性不言而喻。另外，就連ＥＱ之父丹尼爾‧高曼（Daniel Goleman）也曾在近作《專注的力量》一書裡提到：「最高的專注力量來自於做愛，其次是運動。」這也說明了，做愛還能培養一個人的專注力，若你是個專注力弱的人，就更不能錯過鍛鍊這項能力的好機會了。以下就來說明做愛的好處有哪些：

好處1、保持陰道場通

　　女性的陰道為了保持濕潤，陰道壁會產生分泌物。這種看似黏糊的東西，可以用來保護陰道壁，更是性愛時重要的潤滑劑。正常的陰道會分泌出沒有味道的白色黏液，以維繫陰道內健康的弱酸性。這種白色黏液經常停留在陰道裡，若有正常性生活，陰道做起活塞運動時，就會藉由陰莖進出的動作把白色黏液帶出來，整個過程便能清潔陰道內壁，保持內壁乾淨。但女性朋友們也要注意，如果發現陰道分泌物呈現黃綠色並且帶有異味，偶爾甚至會有刺痛或發癢的感覺，就要趕快就醫檢查。

好處2、讓陰道獲得充足運動

　　有聽過「聰明球」嗎？它其實是「陰道鍛鍊球」，一種女性專用的運動用品。在平時沒做愛的時候，有不少女性會使用這項物品鍛鍊陰道周圍的肌肉，大致上是讓自己在日常生活中，不知不覺地做出「凱格爾運動」以達到肌肉越來越緊實的目的。如果有充足的性生活，就能不依靠器具，邊做愛邊運動，以「戰」代「訓」來達到同樣效果。做愛時可運用陰道肌力夾住陰莖，讓陰道裡三分之一

的提肛肌和韌帶有效運動到。鍛鍊久了，不僅能使身體在做愛時的律動感變好，還能幫助自我了解敏感帶，盡情享受性愛。說起來，做愛雖然未必能減肥，但也的確是另一種局部健身的好運動！

好處 5、讓月經走得更乾淨

女性每個月會因卵巢定期排卵而分泌激素，此時子宮受激素影響使內膜脫落而出血，便是我們常說的「經血」。一般經期在三至五天後，出血量就會逐漸減少，但是最令女性們困擾的，就是月經後期的清潔問題。這期間我們通常需要利用護墊來讓內褲保持乾淨，肌膚敏感的女性還有可能為此造成外陰部感染，相當麻煩。當經期快結束時，子宮內膜已不再剝落，僅剩分泌物時，這段時間如果能讓陰道進行活塞運動，就可以幫助排出那些和分泌物結合在一起的少量經血，陰部也比較不會有異味產生。萬一伴侶不在身邊，也可以運用衛生棉條做同樣的活塞動作以達到類似效果。反觀網路上常有文章說月經期間做愛容易感染細菌，對健康不好，其實是以訛傳訛的錯誤觀念。

好處 4、讓陰道保持健康

做愛高潮時，陰道會不由自主地收縮，這項生理反應能夠有效活化陰道彈性，使陰道壁更有張力，同時亦可預防尿失禁。此外，陰道口分布著大量的末稍神經，當性高潮來臨時，由陰部充血腫漲帶來的溫熱感，也能刺激交感神經，傳達強烈興奮，這種反應機制，可保持身體部分器官正常運作。女性年紀逐漸增長後，體內荷爾蒙分泌也會慢慢減少，此時陰道會略呈乾燥，但如果能保持做愛的頻率，不僅可以持續刺激女性荷爾蒙分泌，還能延緩性器官萎縮及衰老。

鬆了的不是陰道，
是＿＿＿＿＿＿（請自行填上）

「老婆鬆了，我都沒感覺……」

　　一坐到會談椅上，不羞澀的小柏這麼說，他赤裸裸的陳述事實。我試著安靜無聲等待，想聽看看小柏太太是否會給予這句話一個註解，但經過 8 秒鐘仍未聽到任何回應，心想「他們怎麼了？」這麼直白的話，女人聽了絕對往心裡去，不知道他是否也曾大刺刺地這樣跟太太說過，沉默回應讓我感受到她很委屈，這淺淺的一句話卻深深傷透心。

　　「婚前為了性需求，婚後為了生小孩。這二年在陰道裡，沒摩擦就沒硬度，要生火也相對困難了，我們結婚三年多，二年前性愛開始出狀況，去年我竟然在陰道裡面會軟掉！後來就有八至九個月都過著無性生活，想生孩子怎麼可能。」小柏雙眼瞪很大的看著我，好像全世界女人的陰道都得罪他一樣。

　　「除了生孩子的困擾，你們在性愛上還發生過什麼衝突？」我問著。

　　「健康教育告訴我，陰莖要摩擦才能射精，老婆很喜歡變換姿勢，假使換姿勢，我就很容易找不到陰道口，老是懷疑自已陰莖太短，不然就是老婆的屁股太大，而且我只要出力，硬度就會消退。」

小柏無奈的說著。

「這過程顯然的讓你感到挫折和失落？」我好奇的問著。

「當時發現做一半會軟掉時，幻想過放著Ａ片來改善忽軟忽硬的問題，可是我不敢開口，直到上個月我生日時性致勃勃的想做愛，結果當天陰莖完全沒硬度，當下非常沮喪。後來提起勇氣嘗試跟老婆分享我大腦的思維，那天的我像是屋簷下的淫魔，老婆不只想逃，還不斷的憤怒和抗拒，一直碎唸著Ａ片女優多不真實、做效果、假奶、身材整來的、亂叫等等。她每次做愛就是躺著配合，像雕像一樣，一點性能量也沒有，這樣也就算了，久了我感受不到緊實度，進入陰道感覺是無底洞。」小柏一連串的抱怨完後往天花板上瞪著。

「我同意你硬度不足的沮喪，也同意老婆在性愛上像個良家婦女的說法，這是一般夫妻都會上演的戲碼。網路上的情色片是男人解決性慾快速的墊胃法，絕對不會是激發、解決男人性慾的全部。真實的女人在男人面前，絕對有一定的性感，或許需要的只是角色的切換。」我說。

「老婆的想法是要有孩子家才會圓滿，但我認為女人不能因為想要孩子才認真面對性愛的問題，孩子要以自然方式受孕，急不來！若這麼急，長輩給肚皮壓力，我想直接做人工受孕或領養是急的解決之道。但我身為一個男人，沒有必要來這裡不需修飾的把床事講給一個陌生人聽，尋求性愛諮詢的本意並非是為了孩子，是要解決看似圓滿卻匱乏了親密連結的性愛，但這樣的婚姻不是我想要的。」小柏講完這段又急著接下一段的心境：「老婆一直期待孩子的來臨，連工作狀況都不好，我看了心裡滋味也不好，她的情緒影響我進入性愛核心，我大腦想的都是她的拒抗，做愛只剩摩擦感覺，

沒有心靈感受。」他很急躁的表達這一段話。

　　性生活藏在生活細節裡，不被看見不表示沒有需求。夫妻或伴侶之間談食、衣、住、行，若談不了性愛議題，或者當性愛是兩人之間的矛盾和說不上來，一道無形的鴻溝時，這樣的距離，會讓真情告白成了無情告解。

　　性觀念沒有所謂的正確與錯誤，只要是兩方面都能得到真正想要的，就能穿越傳統性愛模式。

♀ 關於 A 片

　　用另一深層的意義來探討的話，或許 A 片的存在是有其道理的。

　　A 片就像是人類道德規範下所衍生的物品，為什麼這麼說呢？因為以生物界論，雄性動物的本質與構造（或許）本來就希望可以跟很多雌性動物交配，但人類因為道德約束的關係，不僅比起生物有感情、有道德觀，在心裡層面也有著難能可貴的克制能力。此外，男人對性幻想的渴望本來就比女人高很多，所以對男人而言看 A 片其實就像是某種性娛樂，甚至有時候是種正常的情慾發洩管道，就這點而言，是健康也是正面的。

　　所以女人啊，如果妳是位看 A 片就覺得渾身不自在或感覺噁心的類型，建議透過溝通，試著去了解或去尊重另一半看 A 片的想法，畢竟對於性的念頭，若越壓抑就越會造成不好的結果。

　　兩性之間尤其是夫妻關係，得要找到可以適時調整心態和改善互動的緩衝方式，你們才能在親密關係中得到平衡。

Woman 女人

性器

1

愛護妳的私處

性福導師說

♀ 別過度使用清潔液清洗下體
♀ 做愛完後排尿更有助於清潔

　　在某次會談中，一位個案對我聊到身體清潔的問題。

　　「每次做愛完，我總是想趕快把下體洗乾淨，不然那感覺就好像是你的鼻孔裡面有鼻屎、耳朵裡有耳屎一樣。一想到有東西卡在那，就覺得很不舒服。」

　　聽到這樣的形容，我明白有不少女性朋友們，在做愛完以後都會覺得留在陰道內的精液或是分泌物不太乾淨，需要立即沖洗下體才能夠安心。但大家有沒有聽過，儘管妳以為洗得乾乾淨淨了，卻還是經常聽到一些感染婦科疾病的例子？還有一些人，因為陰部出了些問題，便對做愛完的體液感到厭惡，或者是出現過度恐慌的現象，開始排斥起做愛這件事。日積月累的結果，就是造成越來越大的心理壓力，進而又衍生出其他心理疾病，或是懷疑伴侶在外面亂搞，傷害了彼此之間得來不易的感情，最後反而因小失大。

♀ 過度清潔，反而是種傷害

絕大多數的婦科疾病，其實都跟做愛完殘留在身體內的體液沒有太大關係。陰道本身是有菌空間，含有許多「陰道益生菌」，女性平常必須倚靠這些好菌來抵禦病菌的入侵，以達到自我淨化的作用。假如我們做愛完，總是拚命沖洗，反而會把好的細菌也清光光，破壞了陰道內的「弱酸環境」，使那些以乳酸桿菌為主的好菌無法常駐。少了這些抵禦外敵的衛兵，只要遇到微生物入侵，陰部很容易產生各種疾病。

也有許多女性朋友們會使用一些市面上販售的保養清潔液來清洗私密處，這些清潔液又常常標榜具有殺菌、清潔作用，偶爾使用是沒關係的，但若太常使用，或是做完愛就用清潔液來清洗，反而會害了自己！因為過度清潔，會破壞陰道裡頭的酸鹼值，把好的菌群給清掉，造成反效果。很多人以為時常清洗陰部等於是幫助陰道做清潔保養，但卻偏偏是最傷害陰道的行為。

♀ 做愛完的正確清潔觀念

做愛完的簡易清潔步驟：用濕紙巾擦拭→用清水輕輕沖洗外陰部→事後排尿。

做愛完可先用濕紙巾擦乾淨，再到浴室使用溫水洗淨外陰部，讓水流由上而下自然沖洗即可，不可直接用蓮蓬頭對著陰道內部沖洗。清洗外陰部時，要注意水流和手的運動方向，即水流和手部運動的方向都應該是由上而下、由前向後的。

請女性朋友們一定要記得，清潔方向絕不能由後向前，否則很

容易將肛門附近的細菌帶到陰道周圍。局部清洗時，順序應由大陰唇內側開始，再向內清洗小陰唇和陰蒂，然後再清洗大陰唇外側和大腿，最後才清洗肛門。如果可以，做愛完立即如廁排尿一次，這有助於尿道清潔。若暫無尿意，也可以多喝一些水直到自己順利排尿出來。尿尿能夠排掉做愛時可能侵入尿道和膀胱的細菌，是一種身體的自我保護機制，對私處清潔來說，也是非常重要、不可忽略的環節。

♀ 精液會髒嗎？

精液髒？偷偷告訴大家，其實用了三小時以上的護墊比精液更可怕！通常一位身體健康沒有性病的男生，其精液對女生來說是無害的。精液即使遺留陰道裡面，過幾天也會自動排出來。精液本身並不髒，其成分都是對人體無害的物質，包括水分、果糖、蛋白質、脂肪等。許多女生認為精液會髒，多半是心理層面的誤解，建議不妨可以這樣想想：「我們都是這玩意變成的，有什麼好髒的！」說真的，平常雙手和電腦鍵盤上的細菌，以及日常生活中因不良習慣而染上的病菌，反而更容易影響女性的下體健康！若真的感覺到有問題時，應儘速去醫院檢查，釐清真正原因，千萬別迷信偏方、拖延就醫，或是遷怒給伴侶，否則可是賠了夫人又折兵的行為呀！

平常妳還可以這麼做

1、每次性行為前後，伴侶雙方都做好身體清潔，並在事後排尿一次。

2、建立良好衛生習慣，小號時要由前往後擦，避免將細菌帶到陰部，大號時也要特別注意清潔，在家可用清水沖洗，外出可隨身攜帶濕紙巾；大號若無及時清潔，容易有異味附著。

3、台灣氣候潮濕悶熱，月經期間應避免長時間穿著不透氣或較為緊身的褲裝。

4、若發現陰部有任何不適，應暫時停止性行為並就醫檢查。

5、飲食忌諱油膩，睡眠與作息應保持正常。

6、不要使用鹼性力道強勁的清潔用品清洗陰部。

7、內衣褲與襪子分開清洗，洗淨後曬太陽或保持通風晾乾。

2

口愛的
深層意義

性福導師說

♀ 口愛是彼此最真實的信賴關係
♀ 口愛時若感到舒服，應讚美對方，讓他從中獲得成就感

♀ 無名指的祕密

幾年前，網路上瘋狂流傳一個「無名指的祕密」短片，這影片以浪漫的視角，解釋了為何結婚戒指是戴在無名指上。大意是說，我們的大姆指代表父母親、食指代表兄弟姐妹、中指是自已、無名指是伴侶、小拇指代表兒女。當我們手心對著手心，把象徵自己的兩根中指向下彎，將第二節指背相互靠在一起，然後再把其餘八隻手指頭，指尖對著指尖靠緊。接著妳會發現每一根指頭都可以輕易分開，唯有無名指的指尖始終黏在一起，要分開它們相當困難。也因此，人們選擇把戒指戴在無名指上，象徵與伴侶永不分開的願望，此舉更是我們對於美好愛情的一種寄託。

的確，在我們所有的親屬關係裡，只有愛人和我們的愛情關係是最為特殊的。雙親、兄弟姊妹和子女，雖然都有血緣聯繫，但父母會先行老去、手足們會各自分開成立自己的家庭、孩子長大後也總有一天會離開我們，唯獨伴侶，會一直待在身邊陪伴自己到年邁、衰老。伴侶間也因為有愛情的羈絆，只要情感完整美好，就會一直在一起。也只有伴侶，因為愛情，能夠和我們有肉體上的親密互動，至於其他親屬關係，都不可能和我們發生同樣親密的行為。

有些夫妻生完小孩之後，便以孩子為主，破壞了真正婚姻中的性愛關係，這會讓生活變得無趣。要記得，婚姻中永遠是兩個人，孩子是其次。

♀ 獨特的親吻意義

在親密的互動行為裡，又以接吻最為特別。親人之間或許可以擁抱、親親額頭或親吻臉頰，但就是沒有辦法嘴對嘴接吻（當然，小時候被長輩們強迫著親他們的嘴是例外的）。就因為嘴對嘴接吻是一種「愛情」的展現，在其他人際關係裡，若少了這份「愛情」，接吻的動作幾乎無法做出。無論是父母、兄弟姐妹、孩子、好朋友們，感情再怎樣好，都沒有辦法。就連不少性工作者們，也都有這項堅持，即「身體可以給客人碰觸，但接吻就未必能夠配合」。可見用嘴巴來做親密互動，是一種相當特別的行為，若不是真正擁有某些特殊情愫，我們便很難用嘴巴來為對方做些什麼。對不少人來說，接吻是如此，同樣運用到嘴巴的口愛，即口交，自然也是如此。

♀ 關於口愛在性愛裡的意義

　　口愛是一種很難取代的親密行為，但卻不是每個人都能接受。由於口愛著重在陰部，範圍接近尿道和肛門，也因而可能會碰觸到這兩個都是用來排泄的器官，自然會有人覺得不放心，心生恐懼。但是若妳身體健康，陰部也經過仔細清洗，當對方也只碰觸陰唇、陰蒂附近時，通常是不太會有衛生疑慮的。在衛生無虞的情況下，若對方願意為你服務，代表他對妳有一種深層的愛，願意接受妳身體的一切，這是性愛行為裡相當美好的一種境界與表現。

　　我經常這麼告訴女性朋友們：「男性幫你口愛時，他自己是不會舒服的，純粹是為了妳付出，為什麼要拒絕這樣的心意呢？」口愛是兩性關係裡非常重要的關鍵點，但有部分人不太能理解這種想法，以為男人就只是好色，純粹想舔私處罷了。若這樣想實在是很可惜，不僅錯失了獨特的享受，也誤解了愛人的心意。

♀ 口愛是信賴的開始

　　口愛是彼此信賴而產生的行為，代表著一方全心全意接納對方，另一方也願意把自己全部交付出去，沒有什麼互動比這更珍貴的了。能夠互相為對方口愛的伴侶，性生活滿意度普遍來講都高於無法互相為對方口愛的伴侶；能夠彼此享受口愛的樂趣無疑是一種幸福。這裡也要告訴女性讀者們，當另一半為你口愛時，記得要好好放鬆自己，專心享受伴侶的服務，並盡情展現身體最原始的反應。無論是妳的聲音、動作或表情，這些全都是男人們最想看到的情景，對他們來說，這也是最大的鼓舞。

勇敢享受被愛的快感，擁抱女人本該享有的權利吧！還沒試過被對方口愛的女性們，不妨偶爾嘗試一下，或許會發現不同以往的幸福感喔！

女性享受口愛時的注意事項

1、口愛前，記得先洗個澡，私處用水輕輕洗淨即可，勿破壞陰道裡頭的酸鹼平衡。

2、私處平常就要保持舒爽與清潔，別依賴護墊，內褲定期換新，才不會有異味。

3、口愛時若發現私處有奇怪氣味或異狀，應立即暫停口愛行為，並就醫檢查。

4、放鬆心情，仔細地用身體去感受男人對你的心意，若感到舒服，應盡情發出聲音或讚美對方，對方也能從中獲得成就感。

5、月經期間可以做愛，但礙於衛生及氣味，應避免口愛行為。

3

給自己一點
情趣小玩具

─ 性福導師說 ────────

♀ 情趣用品在挑選前要做好事前的溝通
♀ 使用時也要謹記「由淺至深」的標準原則

在過去，女人若遭逢喪偶之痛或是伴侶若不在身邊，幾乎就等於沒有了性生活。如果還想要再找個伴，就必須承受外界那種「不守節、不夠忠貞」的眼光。反觀現代社會，單身的女性愈來愈多，加上男女平權的風氣逐漸開放，若想要有性事，已經可找到不少新鮮有趣、能提供細膩度和快感的情趣玩具。

不只是一個人的性愛遊戲，情趣用品也是兩人之間的性愛助攻

對於單身，甚至是已經有伴侶的現代女性來說，追求性滿足已不是「淫蕩」的表現。性是一項非常正常的慾望，也是件令人感到愉悅又有益身心健康的事，如果刻意長時間壓抑，反而對心理和生理都不好，還有可能引發焦慮或失眠的症狀，甚至容易引起內分泌失調以及乳腺方面的疾病。一旦沒有伴侶在身邊時，女性使用情趣玩具沉浸在性愛快感裡，這種「一個人玩」的美好體驗，也值得推薦。

然而，情趣用品既可以自己玩，也多能用在兩人性愛裡使用，不過使用前務必先確認伴侶的觀念，以免發生誤會或爭吵。曾經有

位男性個案，心血來潮買了情趣用品送給老婆，沒想到老婆竟大發雷霆：「你以為我喜歡一個人享受高潮嗎？我是因為想滿足你，才和你一起享受的，為什麼你會認為我是那種只想追求性高潮的女人？」後來經過老公一再解釋，老婆才逐漸氣消釋懷。可見關於使用情趣用品來助興這件事，事前的溝通是相當重要。這同時也顯示出，仍有不少女性認為陰道只能接受陰莖，其餘東西想要進來？免談！

伴侶若願意接納情趣用品，自然是件可喜之事，但若是拒絕使用，也千萬別一昧責怪對方，這樣會讓另一半感到沮喪，同時也無法解決問題。建議可以利用平常做愛完的後戲時間，好好跟對方聊聊，表達自己的意願，也問清楚對方是否能接受加入各種道具，或是有什麼不能接受的地方，原因又是些什麼？選擇在後戲時暢聊，不僅有益氣氛，也更能幫助彼此互相了解，而且在這個時間點提出來的要求，對方同意的機會也比較高！以下則是選購情趣用品時的注意事項：

1、慎選品牌與產地

近年來網路購物發達，商家競爭激烈，在價格都越來越實惠的同時，仍要注意盡量避免買到來路不明的產品。由於是侵入性商品，盡可能選擇良好的品牌。

2、注意材質

無論是進口貨和國產品，即便外觀看起來十分可愛或是美得像藝術品，只要粗糙的話應該盡量避免選購。特別注重商譽以及消費者使用滿意度的公司，旗下商品通常會採用醫療等級的矽膠材質，比起一般塑膠材質，醫療等級商品不僅觸感好，對人體也更加無害。

3、關於清潔

　　情趣用品的清潔非常重要，但有不少人卻是買了不敢多問，也不太清楚正確的清潔方式。過去在攻讀研究所時，我曾認識幾位情趣用品店的老闆，他們說很多客人一進店裡都會先說是「買來送給朋友」或「交換禮物」用的，因而疏忽掉正確的使用觀念和清潔方式，而且更常常「用沒多久就壞了」，實在很可惜。如果會擔心衛生問題，建議第一次使用時，可用點酒精來清洗，之後就都以清水洗滌即可。

4、關於收納

　　情趣用品在收納時，需置放於陰涼、無陽光直射的地方，否則材質容易出現變化，進而導致毀損。在清洗完畢後，應仔細擦拭並等待自然風乾，再收納起來。

選擇情趣用品，記得由淺至深

從一個人、兩個人、新伴侶到老情人，不同階段的感情都能選購不同的成人玩具。舉例來說，跳蛋是比較入門的東西，女性獨處時可以自己玩。有男伴在時，也可以交由男伴來掌握開關，增加互動的樂趣。在挑選兩人會一起用到的情趣用品時，記得一定要先了解伴侶的接受程度在哪。若想再進階一點，可以選購觸感好又有更多功能的按摩棒。至於像是給「後庭」使用的情趣用品，也可說是老情人等級的玩具，購買前一定得和伴侶溝通清楚，確保雙方都能接受再購買。還有，使用時也要謹記「由淺至深」，讓身體慢慢習慣後才能往下個更深的目標邁進，這樣才不會把對方給嚇跑喔！

4

女人要
「以柔克剛」

性福導師說

♀ 培養正向能量與魅力，使男人喜歡接近你
♀ 運用柔和的力量來面對他的剛強，還要偶爾示弱

　　隨著時代變遷，女權主義抬頭，女性的權利與地位都和以往有很大不同。一個家庭裡，男人女人同時投入職場一起打拚，更是常態。所以女性無論是保持單身、當個不婚主義者或是頂客族，也都能逐漸得到大眾理解。不過，新時代女性應該要有怎樣的形象，其實沒有標準答案，但我仍希望藉由自身在職場上的觀察，從有利於兩性相處並對基於對女性有著良善的角度出發，整理出一套融合新、舊女性形象，擷取各項優點的「新古典女子漢」寶典。

♀ 拋開逆來順受的舊時代性與愛

　　過去，在父權社會的壓迫下，女性們不敢說出自己的想法，也不許擁有與主流不符的觀念。加上長久以來的教育認知，導致女性對於種種不平等的事，只能默默接受並覺得理所當然。至於，關於性愛被賦予的觀念通常就只是為了傳宗接代而已，真正該關注的心靈交流和感官享受卻不受重視。

然而經過時代變遷，男人在變，女人也在變，性愛已不能再只是為了滿足男人所需和傳宗接代而已。若想當個好女人，溫柔婉約、順從男人，以丈夫為天、以照顧好子女為生活目標，也早已不是最佳的女子典範。

在兩性平等意識抬頭的現代，彼此交流心靈、互相享受性愛所帶來的各種滿足，成了眼前最普遍的共識。至於舊時代那套柔性力量，例如使男人無後顧之憂的體貼，以及含蓄嬌羞的婉約姿態，演變至今只能說是「用來擄獲男人的犀利武器」。

♀ 迎向時尚女人的新時代性與愛

走在時代尖端的新時代女性，應該是一位「能勇敢表達自己的想法、爭取權益，強調經濟獨立，同時有各種可塑性」的女人。在這個時代，女性受教育與各方面的成就都不亞於男人，所以早已經可以擁有自己追求的生活目標、交際圈子和生活娛樂等。

即便「獨立自主」與「內心堅強」是這時代女性的兩大特徵，但這些特質在性與愛的世界裡，並不代表能無往不利、事事順心。部分自我意識過於強烈的女性，往往會忽略兩性之間分寸的拿捏，使得一些不錯的男性，在認識、了解後反而會主動避開（而這些女性卻不自知），也難怪大家會常聽到「遇不到好男人」之類的抱怨了。

♀ 無往不利的「新古典女子漢」應該是？

混合上述兩種時代的女子特徵，選取好的特點、排除掉不好的，

便是我想提倡的「新古典女子漢」。這一類型女性兼具智慧與堅強，除了各方面獨立，不需依賴男人之外，還懂得運用智慧去體察男人內心的柔軟面，用柔情似水的行動去包覆男人外剛內柔的心。這樣的女性，和男人之間的關係是相當微妙的。她們可以是男人甘願奉獻一切的另一半，也可以是自在相處的親人，還可以是互相學習的友人，或是引導自己的心靈導師。平常懂得傾聽男人心聲，也了解該用怎樣的方式與男人相處，使男人憐愛又疼惜。這種具有各種面貌與吸引力的新古典女子漢，便是運用「以柔克剛」的學問，來令男性尊重與著迷。

♀ 妳要「堅、柔、開」三方面修練

想成為一位新古典女子漢，應該要如何做起呢？建議大家可以照著以下三點來檢視，並從日常生活中做起，讓自己逐漸擁有這些特質。

第 1 招 ‧ 內心堅強

擁有自己的想法、獨立自主、與時俱進，對任何新事物都抱持著好奇心並願意嘗試。平時關心社會脈動，積極生活、參與社交來增進知識吸收，這能使妳永遠都不會被社會淘汰，也不需事事依賴別人。遇到挫折時，能夠不屈不撓，善用智慧與理性的方式來解決。

第 2 招 ‧ 外在柔情

注重外在儀態與內在修養，平時通情達理、溫柔謙讓。凡事以樂觀、善良的心態來看待，培養正向能量與魅力，使男人喜歡接近你。遇事時，懂得運用柔和的力量來面對男性的剛強，有時還可以

稍微示弱，故意給男人製造些機會，好讓他們在表現之餘也對你抱以感激。這樣他們不僅樂在其中，你也省事省力！

第 3 招 · 敞開身心

重視自己的情慾，對性愛之事保持熱情，懂得在床上善待自己，盡情投入性愛裡。練習拋開一切束縛，專心享受性愛帶來的愉悅，試著引導男人來探索自己的身體，主動掌握性愛戰場，不再只是配合男人來辦事。多運用床上的親密關係來鞏固自己的愛情世界，注重彼此身、心、靈的交流，最後讓身邊男人死心塌地的跟著你。

5

和男人
共享性癖好

　　癖好的癖字有個「疒」的部首，疒部本身就有因病休養、疾病等意思，所以看到有這部首的一些字時，大家直覺總是想著：這是不好的、跟疾病有關，所以包括「癖好」這個詞也就這樣被誤會了。但是在國語辭典的解釋裡，「癖好」只是指「對某種事物特別有興趣及喜好」。

♀ 為什麼我們會抗拒「性癖好」？

　　既然癖好沒有好壞之分，愛情本身又是充滿包容的，那為何常聽到不少人無法接受伴侶的某些癖好呢？這或許可以從社會道德和個人心理等層面來探討。首先我們要明白，人是群聚的動物，必須一同生活，為了維繫整體社會的正常秩序，便制定了許多道德規範、社會風俗還有法律來約束每個人。這些無形的約束，和我們的自我、天性一直處於一種拉鋸戰。若把這兩種行為模式帶到性愛裡，它影響性愛關係的表現將如下所示：

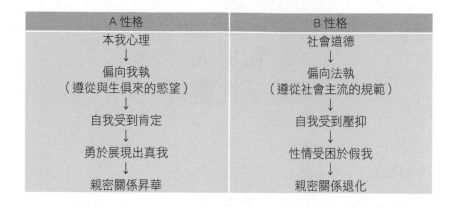

A 性格	B 性格
本我心理	社會道德
↓	↓
偏向我執	偏向法執
（遵從與生俱來的慾望）	（遵從社會主流的規範）
↓	↓
自我受到肯定	自我受到壓抑
↓	↓
勇於展現出真我	性情受困於假我
↓	↓
親密關係昇華	親密關係退化

　　兩組行為模式對照下來，在親密關係裡，從本我心理出發的 A 性格，較有益於我們展現真實的一面，剛好符合愛情裡強調彼此坦誠、絕不欺瞞的期望，因此又能讓我們更加了解對方、接納對方，進而珍惜彼此的愛情。至於 B 性格，由於行為準則多遵從自我以外的其他外在規範，就有損自己最真實的一面，使真實的自我受約束，雙方亦無法透過性愛得到內心最想要的快感，親密關係自然止步不前或逐漸退化。就好比總是在意外界眼光的情人，一定會犧牲掉某些自我，想要長久維繫情感也就會更辛苦些。

♀ 各種喜好都有主流和非主流，性癖好也是

　　每個人都有自己喜歡的癖好，包括形形色色的性癖好，只不過當中還有分主流與非主流罷了。說穿了，社會觀感就是多數人喜歡的即為主流，是「沒什麼問題」的；較少人喜歡的就是「有點變態、怪怪的」。

　　從心理學角度來看，當我們深度了解伴侶的心理層面，就有可能理解並接受對方的性癖好。當你能夠卸下心防，接受身邊男人的癖好時，不妨就配合伴侶試試以他喜歡的方式來做愛，妳可能還會

發現身邊這男人好像突然脫胎換骨一樣，或許妳也會連帶得到一定的催情效果，更容易進入愉悅狀態，甚至得到成就感！此外，別以為只有男人才有性癖好，女人自己也應該了解自己喜歡些什麼，或是不要些什麼。建議平常多與伴侶聊聊性癖好這件事，也可以問對方為什麼這些事物會令他感到興奮？當對方能夠坦承這些，就表示他極度信任你，願意和你分享心底不為人知的私密世界。

當然，聊性癖好還有很多好處，除了可以更加了解伴侶，二來也是種調情，三來是掌握好這些，妳便得到一個在親密關係裡具有極高宰制力的武器，有了這項武器，妳在對方心中和性愛裡的地位都會提升許多，甚至可以看成是一種你獨有的「馭夫術」！

♀ 了解癖好、共享癖好

癖好其實只是一種性愛元素，並非壞東西。像偷窺、皮繩愉虐，甚至是比較讓人感到驚訝的排泄物，也總有一部分人會喜歡。我們都可能會對某些癖好產生興奮感，問題只在於容不容易想像。好比食物或料理，像是榴槤有的人敢吃、有的人不敢吃，甚至像香菜、蒜頭、蔥這些調味料也有人極度抗拒；然而經過嘗試後，反而成為愛好者的也不乏少數。也就是說，有時候我們只是被世俗觀感給套牢，但並非完全不能接受。

其實只要能讓性協調，癖好是很適合共享的，若真的無法接受時，除了好好溝通外，也可以找諮詢師一起討論，由專業的第三者來緩衝協調，反而更能解決困擾，同時也能幫忙判斷癖好是不是太超過了，可以做些調整或是另尋他法。

在私密世界裡，不傷害人的事其實都不是壞事，反而是長期壓抑或否定自我，進而衍伸出許多心理合併生理的病態行為，才是真的問題。

性愛不是孤軍奮戰，
是「合二為一」

「他寧可自慰，也不願碰我，已經半年了。」她抱怨。

「每次做愛，她都沒感覺，讓我很挫敗，所以我不敢再碰她了。」他強調。

「他會幫我調情，但調來調去就只有耳朵有反應。」

「我每次都有親她的胸部和私密處，她都沒反應。」

「就是不興奮，怎麼也假不了，我不想騙他，騙他我也會不快樂。」

「所以我才要她來，是她的問題，沒辦法好，就別結婚！」

　　小游與怡琴兩人雖然初次見面對彼此都有好感，但最初並沒有陷入一見鐘情中。怡琴家教嚴格，小游整整追求怡琴長達三年的時間，才好不容易追到手，但在一起兩年半的時間卻都沒有真正成功做愛過，只有牽手和接吻。即便感情很要好，非常有話聊，興趣也相同，但小游始終抱怨沒辦法擁有最強烈的性愛感受。一直到兩年前小游生日那天，怡琴希望能討小游歡心，終於把第一次獻給了小游。結果小游非常愉快，但怡琴卻在第一次的性愛經驗裡覺得自己只是賣力演出，並沒有舒服和太開心的感覺。此後，怡琴從一開始不懂得開口到最後以拒絕回應，讓兩人的性愛次數漸漸的減少甚至

消失，直到某夜，怡琴在半夢醒中發現小游正看 A 片自慰，因而大吵一架。

♀ 上天賜予的是「愉悅的性愛」

性愛次數並不能量化，長達半年沒性生活，那必定是性愛之間有了衝突。容忍是委屈，是壞了愛最大的兇手，德國哲學家歌德說過：「人類最大的罪，就是不快樂。」上天給我們快樂包含了性親密，但怡琴和小游卻在性愛上不快樂，這幾乎是低估上天給人類的恩典。

「我怎會知道為什麼自己總是沒反應，是你的技術不好吧！」怡琴不害臊撅嘴不悅。

「怡琴，妳認為愉悅是小游的責任嗎？妳曾經在性愛上享受過嗎？譬如像小游一樣自慰。」我問。

「當然是他的責任，我又不知道我哪裡會舒服，從小就跟媽媽睡在一起到現在，我沒有個人空間，怎可能會有自慰這種習慣，而且女孩子自慰正常嗎？」怡琴理直氣壯地回答。

「難道妳自己都沒性慾嗎？」我問。

「有啊！月經結束後，性慾會比較高一些，但也就是性慾高了些，不會動手自己做。」怡琴咬著下脣又放，放下又咬地說。

「那妳知道生殖結構的組成嗎？譬如說陰道、陰蒂、尿道等組合。」我問。

「不知道啊！這些不是另一半知道就可以了嗎？」她一副沒事的姿態。

「難怪小游會自慰，因為他根本沒有超能力去知道妳的感覺。」

我話中帶點為小游抱怨的口氣。

「我們很難分享這類的事，從以前就是以嘻笑打鬧的方式在相處，只要看到他的臉，我就會笑場，正經不了，要我分享我的性器官是什麼樣的感覺，對我而言是一件很困難的事。從剛開始交往，我們目光交會就一直笑，性愛氣氛很難塑造，尤其是我很容易分心，擔心這擔心哪兒的……」怡琴發現了自己在性愛議題上的盲點，並開始坦誠自己與性愛脫軌。

♀ 性沒有天線，靠的是實作和溝通

和她的討論停頓了一分多鐘，我想安靜的等待她的思考，後來我分享一些與她相同議題的個案，讓她用更多的角度去看自己身體愉悅的重要。通常，不懂得愛撫自己身體的女人，幾乎都得讓男人花很多的心思，這樣子的性愛甚至親密關係都不會太持久。性沒有天線，再強的磁波、感應都是空氣呀！性器官是需要耐心的研究和對待，若自己沒有先懂得享受，對方怎麼琢磨都是瞎忙。

怡琴的案例是很多女性會遇到的問題，她得透過自己身體在性器上學習、得到愉悅後，再向小游分享、引導他幫助自己達到高潮。在每次的課程中，我們都會要個案先自我學習、再分享，才能感受到彼此的同心協力。更重要的是，性愛不是孤軍作戰，而是 2 Become 1 合二為一。好奇心不僅要在對方身上，也得先要在自己身上做點功課，才能有行動力。

Woman 女人

內心

1

女人心事，
都是男人的性事

性福導師說

♀ 性格是顯性基因，性則是隱性基因
♀ 順從渴望，要做、想做，都要說

　　小琳是位有著美滿家庭生活的婦女，育有兩個孩子，不僅老公對她不錯，公公婆婆也很疼惜她，可是這樣的她卻有個困擾許久的煩惱。初次在會談室見到小琳時，對於她清秀苗條的外表、溫柔有禮的儀態，印象相當深刻。從這幾點來觀察，也不難理解，她在生活中是個討人喜歡的女性。不過她卻有個過於柔順、木訥的特質，同時這也成了她的煩惱根源。

 過度在意，卻害了自己

　　會談過程裡，我了解到小琳從小就是個極聽話的孩子，對於父母的要求與期望，總是努力去達成，是長輩眼中的超級乖女孩，即便心裡有些委屈或困擾，也習慣藏於心底，很少對人傾訴。也許是大家對她的好，讓她心裡能夠得到安慰與彌補，便這麼一路成長過來。不過這樣的個性在性愛生活裡，可就大大不一樣了。

　　在小琳心裡，總是過度在意別人的看法與感受。總是考量老公平常工作繁忙，為家庭已付出許多，所以即使在床上無法得到滿足，

長久下來也不敢向老公傾訴，心裡難熬著。結果，她原本體貼人的舉動，卻成了自己追求幸福的禁錮，實在是不值！

後來經過課程輔導與不斷的鼓勵下，小琳終於鼓起勇氣向老公傾訴困擾。想不到老公也很疼愛小琳，聽完後便答應陪同小琳一起前來，最終也學到許多正確且實用的性愛觀念，也更明白兩性相處的溝通之道。其實在這案例裡，小琳夫婦倆都是互相深愛對方且生理機能良好的人，因為環境造成的「貼心」個性，竟讓她無法所愛之人訴說煩惱，也使一個本來可以圓滿解決的問題，困擾自己許久。這也讓我常常在想：在台灣，像小琳這樣壓抑性愛心事的女性，究竟還有多少？

♀ 性與性格的微妙關聯

在上述案例裡可以發現，性格能夠影響性愛；反之，從性愛表現裡，也能夠推敲出一個人的真實個性。性格就像是一個顯性基因，性則像是一個隱性基因，兩者都象徵著自己的特質。尤其女人由愛而性、忠於感覺，這代表著「性是女人心中最深層也最真實的自我」。只有多多順從真實的自我、傾聽自己的心聲，勇於開口表達，才能夠得到性福。可是，偏偏女人的性格有如蜘蛛網般複雜，別說男人搞不懂，有時連女性自己也不清楚自身的情慾世界、不了解自己在性愛裡想要的，或者是尚未發現自己心底深層所求為何。

♀ 【性格與性】在床上，妳屬於何種類型？

1、逆來順受型 → 順從你的渴望，卻減了我的慾望

性是屬於兩個人的交流，只有單方面進行，是無法構成雙方的

溝通。很多女人總是在床上全面配合男人的喜好與要求，以滿足對方的性慾為主，誤認為這就是一個好女人的形象，實際上卻大錯特錯！如果性愛這件事是什麼都只聽其中一方的，另一方不僅無法滿足，親密關係也會出現裂痕，還可能讓雙方誤以為目前所做的就是性愛世界的全部。如果你是屬於這類型的女性，建議多花些心思與男人溝通，或許男人也早就因為覺得無趣，想要改變做愛內容也說不定！

2、不善表達型 → 愛除了要做，也要說

很多女人不是不願意享受性愛，而是不知道該如何享受性愛。因為對自己的身體不了解，或是不知該如何表達，而喪失了享受性福的權利，同時也對性愛這件事變得無感與遲鈍。如果妳無法表達性愛時的感受，可能連在日常生活裡該面對的問題，都選擇忽略或避而不談。建議這類女性朋友們，一定要改變，多多開口、互動溝通，如此性生活才會更上層樓。平時也可以多探索自己身體，留意各種生理與心理反應，並試著常開口與伴侶討論性愛之事或找專家諮詢，相信無論是在日常生活中還是性愛世界裡，都會很有幫助。

3、願意主動型 → 不僅性福久久，也懂得追求各種享受

在性愛世界裡，願意主動的女人，通常都知道如何讓自己得到快樂與滿足。如果你是這類型的女性，得先恭喜你，這代表你明確了解自身的需求。如果能再和伴侶培養一定默契，並且不忽略對方的需求，你們的性生活，應該都會甜甜蜜蜜、長長久久下去。這類型女性通常在穿著打扮上顯得比較有自信，也比較能彰顯性感味道，是能夠吸引異性、懂得善待自己的聰明女人。

4、自我意識過高型 → 妳的高潮不等於對方的高潮

　　如果一個女人只在乎自己的感受，總是先考慮自身在性愛裡是否有得到滿足，認為男方只要有射精就算自己有盡到責任，那這樣的女性必定是自我意識過高的人。這類女人與男人相處時，必然在很多時刻只會「先想到自己」，也老忽略對方感受，甚至不愛與對方溝通，這樣的兩性關係通常無法走得長長久久。建議有這種傾向的人，應該時時檢視自己並傾聽伴侶的心聲，同時多珍惜別人的付出，才是兩性間真正的長久相處之道！

2

他是愛上妳；
還是愛，上妳？

性福導師說

♀ 聰明的女人，要愛！不要唉……
♀ 真正的好男人在完事後，會協助妳做事後的整理

都說男人因性而愛，女人因愛而性，由此可知男人是肉體的動物，女人是心靈的動物，兩者之間總是需要溝通與調和。我們都知道，當一個女人願意交付自己的身體給一個男人時，主要是因為愛情的關係。

然而，若一個男人在傷害妳的身體，那便是在揮霍妳的愛，這就不叫愛情了。反之，當一個男人願意細心呵護妳的身體，代表他是在珍惜妳的愛、灌溉妳的愛，如此便值得我們真誠以待。想成為一個聰明的女人，一定要懂得如何分辨身邊的男人是在揮霍妳？還是在灌溉妳？這些問題，其實都可以從性愛時觀察出來。

♀ 是愛上妳？還是愛，上妳？

男人應該要怎樣觀察！這裡有幾個特徵，可解決妳的疑惑：

1、觀察他如何對待妳

在愛情世界裡，性並非一切，愛才是本質。加上人生中也有許

多有趣的事，值得和戀人一同去做，因此當一個男人真心愛你時，你們的約會不會總是只有做愛而缺乏其他內容；你們的日常生活，也不會總是泡在床上，應該是多采多姿的、一同創造出許多有趣回憶的。性雖然很美好，但欠缺愛意，只剩下肉體的互動，便算不上是真愛。若遇到成天只想著找妳做愛的男人，妳應該避免投資時間與心力在他身上，建議趕緊轉身、尋覓新對象會比較妥當。

2、觀察他是否用心

　　男人跟女人進入性愛狀態的方式不同，男人可以說來就來，但是女人就需要徐徐圖之。當一個男人願意為了讓妳以最佳狀態進行一場性愛活動，就會去導一場完美的戲，拍出這場戲的啟、承、轉、合；這就是真正用心的男人。這樣的男人，懂得站在你的立場替你設想，也懂得照顧妳的身心靈。但別忘了，拍戲總是有趕戲的時候，由於男人還是偏向肉體的動物，若每次都是由他來配合妳，那反倒是妳吝於付出了。偶爾，不妨配合一下男人的本性，滿足對方原始的慾望，順便嘗試其他情趣遊戲，這會讓你們的關係更好、讓對方更加愛妳。

3、觀察他是否體貼

　　一個懂得呵護女人的男人，在性愛的過程中，不會只是一昧的啪啪啪，用橫衝直撞的方式進行性愛。他必定會在享受的同時，同步觀察並在意女方的反應。懂得在你皺眉的時候問你是否不舒服？在你表現出開心、快樂的時候，暗中記下取悅妳的方法。同時也會全程留意妳的一舉一動，愛妳的同時也保護著妳的身體。若遇到這樣的男人，就盡情去愛吧！

4、觀察他是否自私

除非已確定要結婚，否則交往中的男女，通常都會有避孕措施，至於這避孕措施，又往往是身體健康與雙方情慾最明顯的衝突點。正所謂「男人不愛套，女人不愛藥」，避孕措施若不是自願降低歡愉感，不然就是服用會對身體有影響的藥物兩種途徑。然而戴套畢竟只是降低些樂趣，但吃藥卻是頗傷身體的。一個不自私又愛你的男人，必然會選擇犧牲些微樂趣而不會要妳傷身。想挑選一個能長期交往甚至步入婚姻的男人，避開這類較為自私的人會是比較好的選擇。

5、觀察他在不在意妳

不少男人總以為當自己氣喘喘地結束一場激烈的性愛後，接著就是 Ending 了，但細心又在意你的男人可不會這麼想。最起碼，他們知道後戲的存在，也絕不會在此時點起一根菸，或是一溜煙似的跑去做自己的事，把妳一人丟在床上。好的男人因為在意妳的感受，除了在完事後會繼續陪伴妳一段時間之外，還會協助妳做事後的整理。由於女性的泌尿系統較易受到感染，在性愛結束後貼心的清理是對女性身體的一種保護。懂得這些才是真正的好男人，他值得擁有妳的身體並繼續擁有你們共同的愛。

性，是兩人相愛後會有的一件事情，而愛，才是最重要的指標內容。能夠珍惜妳身體的人，才值得妳獻出自己的身體。女人們，唯有選對一個真心愛妳而非只是喜歡與妳做愛的男人，生活才會更加美好，自己也才會越來越美麗。或許看完了這篇，相信聰明的妳已明白身邊的他，究竟是愛妳還是愛上妳了，對吧！

3
性福，
不是躺著就會爽

性福導師說

♀ 妳投入，對方也才能更加投入
♀ 身體覺得想怎樣，就直接表演給他看

還記得古代皇帝寵幸妃子的方式嗎？當皇帝翻了綠頭牌，太監們就會用大棉被將妃子捲起來送到皇帝的寢室內。但是！被捲著搬進去可不代表在床上也可以繼續筆直地躺著，否則怎麼討皇帝歡心呢？

♀ 自古後宮佳麗爭寵，花招百出

不用做任何事情就可以完成一場性愛並得到性福，這是不太可能的事。為了討好皇帝，那些妃子們大多都得使出渾身解數，不然要皇帝再度臨幸也不知要等到什麼時候了，勤練夾功、鑽研美容、善用言語和香氛品，都是後宮嬪妃們的重要生存技能。由此可見，想維持一段良好的性愛關係，不僅要下足工夫，更不能什麼都不做。

換個方式比喻好了，譬如我們平常在聊天、說話時，都希望對方能適時給予回應，這樣自己也才能繼續聊下去，否則對話沒有互動，也沒有回饋，就像石頭丟進水裡，像是個跟空氣說話的呆子。同樣地，在床上的時候，豈有另一半辛苦運動，而妳都不用動的道

理？如果希望對方如何對待妳，自己也應該要如何對待別人。例如一場羽毛球運動，當妳揮了拍，打出了球，對方竟手也不動地讓羽毛球落地，這樣的運動想必只會讓人覺得沮喪又無趣吧！

做愛當然也是同樣道理了，妳投入，對方也才能更加投入；妳有反應，對方才有動力繼續滿足妳。女人們千萬要記得，在床上辦事時，不要覺得腳張開後，一切交給男人就沒事了。

♀ 別輸給古人！古代女子的壓箱寶：春宮圖

雖說古時風氣保守，但用來維繫夫妻之間感情的閨房之樂，可是古代人相當重視的一環。話說，古代女子在出嫁的時候，陪嫁品中總是有一個東西壓在嫁妝箱的最下面，那便是春宮圖。這圖上畫著各式各樣的性愛體位，能讓出嫁的閨女在新婚之夜時可以趕緊惡補，並在婚後和丈夫持續鑽研，以保持性生活和諧。想不到吧！就連保守的古代人都知道：做愛不能老用躺著這一招，還可以有許多變化。那麼身為現代人的妳，難道比古代人更食古不化？人體有著很奇妙的構造，有無限的開發潛能，光是身體每一個地方的觸感，帶給我們的感覺都不同，更何況是不同的性愛姿勢和不同的情境所帶來的感官衝擊呢！

♀ 做愛就像餐點的選擇，需要時常變化

如同前面提到的，做愛其實就像我們每天吃飯一樣，是不能不做的事情，但你又不能老是吃一模一樣的東西。隨著時代變化，各種料理越來越多，我們也該懂得時常更換口味以滿足自己。至於性愛當然也是一樣道理，每次做愛時都可以多嘗試些不同的變化，避

免日子久了，缺少激情而導致性趣缺缺，甚至連赤裸相見都食之無味。

或許妳可以在前戲安排上，添加些新的事情，也許是開發其他性敏感帶，又或者是在體位結合上試試不同嘗試與安排，或者加入情趣用品等道具來助興等。總之，不要老用那一招半式闖天下，多多和伴侶一起開發新樂趣才是善待自己又能鞏固親密關係的好方法！

想要怎麼舒服，就要怎麼動

每個女人享受肉體歡愉的過程與方式都不同，有的人可能需要長時間的撫摸與氣氛來營造，才有辦法融入一場性愛。有的人則可能要用豪放、狂野的方式直搗核心，才覺得刺激舒服。也有的人必須用只有自己和愛人才知道的特別方式，方能迎來絕頂滋味。

不管是什麼情況，幾乎沒有女人是在第一次的性愛中，就清楚明白自己需要些什麼，所以必須學著在每場性愛裡把握每一次的互動，多與對方溝通討論、反覆測試、彼此觀察，最後再逐漸去調整每一次的細節，直到雙方都能夠享受到「愉悅的性愛」為止。

更簡單來說，就是鼻子癢就抓鼻子，手臂癢就抓手臂，身體覺得想怎樣就怎樣。如果覺得男人的節奏與力道不對，就女上男下實際表現給他看；如果躺在床上沒感覺，那就試試背後位，或是坐著、站著等體位。如果他愛撫的技巧不好，就換你摸給他看，或是拉著他的手來摸妳。

沒有人天生就是性愛高手，只有當我們多花功夫與時間去嘗試後，才能了解到性是多麼的美好。

4
20 到 50 的
陰道保健

性福導師說

♀ 日常生活中適度做些「凱格爾運動」來抗衰保健
♀ 陰道最好的緊實訓練,來自於頻繁的性高潮

對每個女人來說,歲月總是無情的,它讓我們逐漸衰老,但也讓我們不斷成長變得更臻成熟。不論是在哪個時期,女人總是希望自己從裡到外,在各方面都能夠持續吸引別人,也期望自己在不同的人生階段、各種場合,都能營造出專屬自己,無可取代的魅力。然而,生理與心理總是彼此牽連、關係密切,面對自己從少女淬鍊成婦女的經歷,妳必須懂得調適心境,以悠然的心態去迎接身體變化,並隨時保持自信心,才能夠確保身心健康。至於要做到如此境界,就得對這些身心變化有正確及全面的認識。

♀ 從女孩到女人,不可不知的陰道保健

在這裡,我們準備為各年齡層的女性完整介紹如何讓自己越活越美麗的正確觀念。這其中還包含了女人最重要的身體祕密「陰道保健」。

女性的陰道,隨著年齡變化,每個時期都有不同的保健方法,究竟該如何做才能讓陰道維持在最佳的健康狀態?妳又該怎麼做才

能泰然自若地面對這些變化，享受最獨一無二的自己呢？

♀ 致 20 歲的妳：

　　這時期的女性朋友，擁有大好的青春，生活豐富且對未來充滿期待，心靈略帶稚氣與單純。此時的身體正臻成熟，陰道肌肉功能良好，可以自由收縮到最佳狀態，大小陰脣也已發育完畢，可說是最能享受皮膚緊實所帶來的樂趣的時期。在 20 歲過後，只要一直保持著性生活與定期的運動，並在日常生活中適度做些「凱格爾運動」，又稱為會陰收縮運動、骨盆底肌肉運動，便能夠盡情享受性愛，身體也能輕鬆達到抗衰保健的效果。

♀ 致 30 歲的妳：

　　此時的女性朋友們，除了越來越獨立自主之外，心境也成熟許多，在現今的社會風氣下，不少人都傾向晚婚。有些人可能一接近 30 歲便步入婚姻，但也有些人直至 35 歲後都尚未結婚。在這時期，已結婚的姊妹們必須面臨孩子的誕生與成長，生活變得相當忙碌。平常不僅忙事業，也可能操煩著寶貝孩子的事，生活簡直就是為了家在打轉。這時候，陰道保健就顯得更加重要，尤其是生完孩子的女人們，更不能置之不理。

　　女性的身體，在 25 到 30 歲時，算是個分水嶺，過了 30 歲後，陰道的伸縮回復狀況，已無法媲美 20 歲以前。所以更需要多做凱格爾運動來強化身體。前幾年，我到日本的「婦女性健康協會」考察，發現他們都用相當正面且正確的態度在鼓勵女性，像是強調生完孩子後要改變尿尿時的習慣、在生活中多做提肛運動、晚上休息

時則做做仰臥式的各種產後運動，這些對於生產後的身材與子宮回復都有很大的幫助。一星期只要有三天的練習，並堅持下去，通常就會有不錯的效果。這種風氣也很值得台灣的女性朋友們效法、學習。

♀ 致 40 歲的妳：

上一代的女性大多在 50 歲過後進入更年期，但現代女性朋友們逐漸因生活忙碌和工作壓力等關係，導致煩惱、睡不好、心情緊張、荷爾蒙分泌變少，或者是有提前收經的現象。這時若發現有陰道乾澀或性慾缺缺的情況，就要多加注意。妳除了必須比 30 歲時做更多的保健運動之外，建議還可以多的主動培養情慾念頭，並關心自身情慾變化。讓自己在日常生活中，更頻繁地接收心理與生理的各類刺激、積極和伴侶尋找新情趣。一旦有新事物出現時，也應保持願意嘗試看看的心態，如此一來便能令自己的情慾世界持續活躍一陣子。

♀ 致 50 歲的妳：

隨著日子一天天過去，女人的生殖器官與系統總是會面臨衰老。尤其一少了性的刺激後，女性荷爾蒙將快速下降，此時便開始邁入更年期。有些女人們，陰道已不像從前那樣潤滑，還有的人陰道內彈性組織已開始減少，甚至還有合併陰道壁萎縮的情況發生，同時也越來越難產生性慾。建議這階段的女性朋友，為了不使荷爾蒙持續流失，若能刻意提高一些性生活的次數，就能多少補充些女性荷爾蒙，同時也能使陰道肌肉繼續保有一點彈性。此外，每次性

愛時，請另一半多做點前戲並設法使自己更加敏感、更投入，或是在做愛時使用潤滑油來改善乾燥的問題，這些都是不錯的幫助。

女人 20 一枝花，不必花費什麼心力便可保持美豔動人的外表，但到了中年，則不再像鮮花那樣柔軟芬芳、人人都能欣賞。中年的女人們，「金莎年華」或許就像是珍貴的巧克力般，只留給摯愛的人慢慢品嘗，只給了解其內涵的人獨自欣賞。千萬不要認為人總會老，所以當身體開始走下坡時就什麼都不管。好好保養身體不僅能延緩歲月的痕跡，也會為身體帶來健康、為生活繼續保留情趣。

我經常在面對個案與演講中宣導：「陰道最好的緊實訓練來自於頻繁的性高潮，只有這一刻能使陰道達到最強的張力收縮運動。」因此珍惜每一次的性愛機會，並謹記高潮不完全是男人的義務，女人也要為自己的身體扛點責任。切記！保養身體才是妳該有的使命。讓自己在每個不同時期，無論是性心理、性健康的心態中，都能展現最與眾不同的韻味與魅力吧！

5
女人床上的
10 道陰影

性福導師說

♀ 其實輕拍女人的屁股，就可挑起女人想滿足男人的慾望
♀ 男人別只在乎抽插運動，不懂關心對方身體才是床上禁忌

　　為了促進性愛的保持，不讓陰影成了性慾殺手，面對床事其實不需要逃避和沮喪，聽取建議就是改變的力量。首先，讓我們一起找出這些性愛陰影的源頭，用最健康的態度和實際行動來解套吧！

陰影 1 　不斷地問爽不爽

　　男人經常為了想在性愛裡得到讚美，會不斷在活塞過程中問「爽不爽？」、「高潮了沒？」建議妳可以貼心向男人提醒：「要得到高潮，需要專注在陰部的感覺……」這樣就不會擔心這個愛白做了。因此想促進更美好的性和諧，記得提醒男人不要在活塞過程中問問題，而是要學會透過「後愛」來溝通，才能期待下次的美好（「後愛」是指做愛完後透過二人的溝通，了解到彼此的需求）。

陰影 2 　不洗澡就算了還要求口愛

　　為了想盡興而不尷尬，男人們若想要得到女人服服貼貼的服務，就該保持應有的貼心。女人也可提醒男人，花一至兩分鐘把重

點部位仔細清洗乾淨，此舉不僅為了保健自己，更是尊重、體貼另一半的感受。陰莖若沒清洗乾淨，除了造成女人不開心，也會引發陰道或尿道感染，症狀嚴重者還可能導致黃色分泌物和搔癢。

陰影 3 環境的困擾

做愛是兩人世界的大事，晚上做愛時擔心萬一把孩子吵醒，也不放心、尷尬著公婆就在門外，導致女人想盡興地把聲音叫出來都很困難；但是這個時候男人們又期待女人能出聲來稱讚，那真是為難了女性朋友們。建議妳的男人們，平時不妨就試著打開喜歡的音樂，當然千萬別只有做愛才放，以免真的在做愛時音樂便顯得突兀。另外，精神分析學家佛洛伊德認為，一個人的人格發展大約在六歲時定型。孩子在六歲前意識尚未能儲存記憶，但六歲後會開始慢慢將事件儲存，這時候就要讓孩子們獨立一間房間，才不會掃性。

陰影 4 搓揉胸部

大多數男人喜歡模仿 A 片情節，用力的搓揉乳房，以為這樣就能提升女人的性慾，但這其實是個錯誤舉動，因為搓揉乳房只是一種獸性的表現。建議男人可試著輕拍女人的屁股，這反而是另一種溫柔的征服感，也是可挑起女人想滿足男人的小動作與變化。

陰影 5 啃骨頭式的接吻

接吻是開啟性慾的按鈕，當次數漸漸變少之後，性愛次數也會間接受到影響。可是接吻偶爾也會成為掃性的工具，譬如口水愈積愈多、快速瘋狂的舌吻、像啃骨頭一樣的張大嘴巴，讓唇邊濕得像

潑到水一樣。建議男人和女人都要學習接吻技巧：要輕輕的接觸嘴唇面，再一點一點的把舌頭伸進嘴巴，好好挑起彼此的性胃口。

陰影 6 拚命快速活塞

女人陰道裡的敏感點非常多，但陰道高潮唯有 25％的女人擁有，多數男人以為快速才能讓女人高潮，但此舉其實只能提升興奮點。陶子姐之前提出的「陰道散步」就是個很好的話題，建議男人別只在乎不斷表現的抽插運動，因為不懂得關心對方身體的變化是床上最大的禁忌。

陰影 7 省略前戲

就像用餐一樣，男人通常喜歡速食性愛，而女人多數喜歡品嘗法式料理，需要有餐前酒、前菜、主菜等循序漸進的氣氛來營造性愛氛圍。好的前戲可以讓女人感受到猶如時尚般的貼心對待，若是想讓女人高潮來得快又深層，就要好好學習品味性愛的每個重要環節。

陰影 8 臭氣薰人的體味與口臭

做愛是近距離的接觸，為了不讓口氣和體味五味雜陳，要注意觀察自己身體味道的變化。我們經常因為口氣不好而不想接吻，或因為對方體味不好而減少了擁抱；口氣不好也有可能是牙周病等問題，或者是有肝火上身等問題。建議貼心的另一半面對這樣的問題時，可以先用關心的角度觀察對方身體狀況，然後再一起找到缺點解決源頭。

陰影 ⑨ 口爆

這是常常會有的問題。A片的女人總是願意「顏射」或吞精液，所以另一半是不是也應該配合？精液雖然有豐富的營養成分，但是吃起來可不是非常美味。A片裡演的，是男人對自己在性愛裡經常想要的征服感，所以才要女人吞精液來達到自我滿足。某些男人會說：「不吃，就表示對我的愛不夠多！」女人若真無法拒絕，建議與另一半多溝通並從心理層面談起，若自己無法開口，也可尋求相關機構解決，一起面對。

陰影 ⑩ 不持久又硬不了

在現在的社會，做愛已不是為了生育，而是情趣。性是生活的一部分，更是現代人追求生活品質的態度。當男人硬度不足、無法進入或提早繳械，有時甚至可能會導致女人在心理上產生自我懷疑。建議不嚴重的男人們可藉由手愛或口愛來補足性愛缺口，若遇上某些無法接受口愛和手愛的女人們，建議雙方都要正確面對這件事。因為要男人自己去承受性功能不足，其實也是女人在床上的陰影。

當愛變得更寬廣

「妳明知是約七點的課，為什麼要遲到半小時，妳不知道導師時間寶貴又昂貴嗎？」他開始教訓她多年來的壞習慣。

「你上班有我辛苦嗎？你不知道外面車有多塞嗎？你不知道我為了來上課連飯都還沒吃嗎？你不知道我剛才車開多快嗎？你不知道來這裡上課是你的問題嗎？你不知道我為了這段婚姻付出多少嗎？你如果厲害就不要讓我出去上班，我五點就可以在這裡等你，還可以幫你帶晚餐，你要不要？」

她一個氣也沒喘的說完這一串話，好像已經是背好的劇本一樣，讓我佩服的口才，幾乎是當演員的料。

　　小聖與子妍約了七點的課程，兩人各自來中心，小聖六點五十分抵達，子妍則七點半才到，子妍屁股還沒坐上沙發，小聖已開啟碎唸模式。

　　當下我聽著、看著、想著他們在家的生活方式，和這樣的情況肯定脫離不了太遠。於是除了靜默，我也沒打斷正在爭吵的小倆口。在英國，關於改善性親密的治療師，是直接住進個案的家中，觀察夫妻在家中的生活點滴，這是一個很細節的做法，也因為太過於真實，想做假都很困難。

　　「妳每次總是這樣，我只是說一句，妳就可以說十幾句，我上

輩子到底偷了妳幾億，來上課又不是天天，兩個星期才來一次，妳難道就不能為了我們的未來，先把那些理由給放下嗎？」小聖反駁。

「你明知道月底我忙著關帳，而且今天是週五，一定是忙翻天，我工作已經先擱著趕來了，這也是我的犧牲，為什麼你就只想到自己？我的時間本來就都安排好好的，是你臨時約來上課。」小妍不服輸，一來一往接著吵。

「課二個星期前就約了，二星期前叫臨時嗎？是妳沒把這件事放在心上吧！」皺著眉頭轉向牆的一邊，不想看她氣憤的臉。

「我的行程都是一個月前就排好，而且我就是按照行程走的人，是你這個程咬金排了這堂課。」她激憤地說著。

「哎……」他輕哼一聲，撇嘴陷入沉默。

「你們聊完了嗎？」我試著打破沉默問。

「嗯！」兩人一口同聲，臉帶尷尬地回答。

「你們夫妻的口條都很好耶！聊起天來各有各的理，各有各的勢氣，我用聊天來形容你們剛才的對話，你們同意嗎？」我試圖打破僵局地說，子妍先大笑，接著換小聖也笑了。

「子妍，即然妳上班比較辛苦，那你有先說話的權利，我想女士優先小聖應該不會有意見。我們將剛才的聊天模式，轉到你們婚後的第一次的大吵，來吧！吵吧！」我意在挑釁，想讓他們抓狂。

「他有潔癖，一天到晚要我把頭洗乾淨，嫌我頭臭，自己嘴巴臭得像水溝。」她責備地說著。

「後來妳生氣，我就再也沒提過了，妳幹嘛老是提這件事，我歉也道了，膝也跪了。」子妍還沒說完小聖急反駁。

「還有嗎？」我想激發出更多爭吵的點，好看清楚誰錯最多。

「我事事都讓著她，就像做愛這件事好了，她說痛，我就不敢硬闖，我還不夠體貼嗎？」小聖攤著雙手說著。

「是你像隻野獸一樣，連接吻技巧都好差，我受不了，不然離婚啊！」低著頭翻著包包，看起來就像說氣話。

「先放手的人，要先負責哦！」我輕輕淡淡的飄過這句話，希望說這句話的人要為開口負責。

「她就是這樣，動不動就說分開、動不動就說離婚，有時候氣話不但經不起考驗，更深深的植入心裡。」小聖說完這句話後掉下了眼淚。

「子妍，妳除了動不動就說分開以外，也動不動就看著這個又高又壯的男人流眼淚嗎？妳知道無聲的哭泣象徵著對方埋很深的委屈嗎？」我柔聲地問著。

子妍在我說這段話時也掉下了眼淚。

♀ 隨著日子累積，愛並不是變淡，而是變得更寬廣

眼淚有時是為了釐清情緒，也可以說是為了讓另一個人明白真相。人有許多思考，也擁有愉快或痛苦的情緒，例如沒有同理心的堅持、失控的憤怒等，這些都容易影響生活。

進入一段新關係時，缺點會被愛隱藏，這時愛會抵達到高峰期，維持了一段時間後，兩人的關係不只是愛，還包含了生活習慣、家人、工作甚至孩子。當愛昇華至家人、家庭而不再只剩兩個人的愛時，還需要抵抗很多外來因素，於是理想中另一半的樣貌，當然不

會和想像的一樣。「理想」就像錯綜複雜的迷宮，一直將對方的一言一行扣分，當分數扣完生活也沒跟著改變時，性生活當然也會跟著乾涸。

　　其實很多人想不透，充滿愛時兩個人過的是生活，生活久了過的便是日子。很多人以為是愛變淡了，但我認為不是，而是愛變得更寬廣了。

性愛的
科學

越做越愛，
讓兩人更有感覺的
親密處方箋

★暢銷新版

2APV48

作 者	沈子棨	
總 策 劃	黃于庭	
文 字 整 理	黃志凱	

責 任 編 輯	蔡穎如
封 面 設 計	兒日設計
內 頁 設 計	申朗創意、林詩婷

行 銷 企 劃	辛政遠
總 編 輯	姚蜀芸
副 社 長	黃錫鉉
總 經 理	吳濱伶
首 席 執 行 長	何飛鵬

出 版	創意市集
發 行	英屬蓋曼群島商家庭傳媒股份有限公司城邦分公司
	Distributed by Home Media Group Limited Cite Branch
地 址	104 臺北市民生東路二段141號7樓
	7F No. 141 Sec. 2 Minsheng E. Rd. Taipei 104 Taiwan

讀者服務專線	0800-020-299 周一至周五09:30～12:00、13:30～18:00
讀者服務傳真	(02)2517-0999、(02)2517-9666
E - m a i l	service@readingclub.com.tw
城 邦 書 店	城邦讀書花園www.cite.com.tw
地 址	104臺北市民生東路二段141號7樓
電 話	(02) 2500-1919　營業時間：09:00～18:30

I S B N	978-986-5534-53-0
版 次	2021年8月二版1刷
定 價	新台幣320元／港幣107元

製 版 印 刷	凱林彩印股份有限公司

Printed in Taiwan　著作版權所有・翻印必究

國家圖書館預行編目(CIP)資料

性愛的科學：越做越愛，讓兩人更有感覺的親密處方箋　/
沈子棨著 .－ 二版 .-- 臺北市：創意市集出版：
家庭傳媒城邦分公司發行，2021.08
　　面；　　公分

ISBN 978-986-5534-53-0（平裝）

1. 性教育 2. 性知識 3. 兩性關係

544.72　　　　　　　　　　　　　　110004268

香港發行所　城邦（香港）出版集團有限公司
香港灣仔駱克道 193 號東超商業中心 1 樓
電話：(852) 2508-6231
傳真：(852) 2578-9337
信箱：hkcite@biznetvigator.com

馬新發行所　城邦（馬新）出版集團
41, Jalan Radin Anum,Bandar Baru Seri Petaling,
57000 Kuala Lumpur,Malaysia.
電話：(603)9057-8822
傳真：(603) 9057-6622
信箱：cite@cite.com.my

＊ 特別感謝：相性幸福健康管理中心 ・ 性福導師團隊、存在設計有限公司、大樹創意行銷有限公司、
樹德科技大學 ・ 人類性學研究所。